Differenzierende Ausgabe B

P.A.U.L. D.

Arbeitsheft

Herausgegeben von:	Frank Radke
Erarbeitet von:	Michaela Anthony
	Christiane Awakowicz
	Johannes Diekhans
	Anne Gasch-Sigge
	Tanja Heinemann
	Katharine Pappas
	Frank Radke
	Elisabeth Roth-Rings
	Katja Wiertz
	Martin Zurwehme
	u. a.

Liebe Schülerinnen und Schüler,

in den Arbeitsheften von P.A.U.L. D. findet ihr folgende Symbole und Hilfen:

 Mit grünen Aufgaben übt ihr die einzelnen Themen grundlegend mithilfe von konkreten Anleitungen ein.

Mit blauen Aufgaben könnt ihr an einem Thema weiterarbeiten und üben. Ihr erhaltet dabei Hilfestellungen, damit ihr sie lösen könnt.

Wenn ihr euch bei einem Thema sicher fühlt, könnt ihr die roten Aufgaben bearbeiten. Sie sind etwas schwieriger und ihr erhaltet hier nur wenige Hilfen.

 Wenn ihr mit dem Arbeitsheft in der Schule arbeitet, achtet auf dieses Symbol. Diese Übungen bieten sich besonders dafür an, dass ihr sie gemeinsam mit einem oder zwei Mitschülern löst.

Dieses Symbol bedeutet, dass ihr die Lösung der Übung in eure Hefte schreiben sollt.

 In der Lernbox am Anfang eines Kapitels findet ihr alle Informationen und Regeln, die ihr braucht, um die Übungen zu bearbeiten. Hier könnt ihr immer wieder nachlesen, wenn ihr bei einer Übung Hilfe braucht.

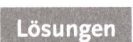 In dem beiliegenden Lösungsheft findet ihr zu allen Übungen die Lösungen. Wenn es möglich ist, solltet ihr eure Lösungen mit einem Lernpartner zusammen kontrollieren.

  Diese Symbole zeigen dir an, welche Rechtschreibstrategie du jeweils anwenden kannst, um Fehler zu vermeiden.

Viel Spaß beim Lernen und Üben mit den Arbeitsheften wünscht euch euer P.A.U.L. D.-Team!

Die Lösungen zu den Übungen befinden sich in der separaten Beilage.

© 2015 Bildungshaus Schulbuchverlage Westermann Schroedel Diesterweg Schöningh Winklers GmbH, Georg-Westermann-Allee 66, 38104 Braunschweig
www.westermann.de

Die Seiten dieses Produkts bestehen zu 100 % aus Altpapier.

Damit tragen wir dazu bei, dass Wald geschützt wird, Ressourcen geschont werden und der Einsatz von Chemikalien reduziert wird. Die Produktion eines Klassensatzes unserer Arbeitshefte aus reinem Altpapier spart durchschnittlich 12 Kilogramm Holz und 178 Liter Wasser, sie vermeidet 7 Kilogramm Abfall und reduziert den Ausstoß von Kohlendioxid im Vergleich zu einem Klassensatz aus Frischfaserpapier. Unser Recyclingpapier ist nach den Richtlinien des Blauen Engels zertifiziert.

Illustrationen: Reinhild Kassing, Kassel/Matthias Berghahn, Bielefeld
Umschlaggestaltung: Nora Krull, Bielefeld
Umschlagfotos: © bigdaddyrockstar/iStockphoto (U1 links);
© picture alliance/JOKER (U1) rechts; © Seb Oliver/Corbis (U4)
Druck und Bindung: Westermann Druck GmbH, Georg-Westermann-Allee 66, 38104 Braunschweig

Das Arbeitsheft ist in zwei Varianten erhältlich:

Arbeitsheft	Arbeitsheft mit interaktiven Übungen
ISBN 978-3-14-**028146**-8	ISBN 978-3-14-**145093**-1
Druck A[11] / Jahr 2025	Druck A[1] / Jahr 2023

Alle Drucke der Serie A sind im Unterricht parallel verwendbar.

Inhaltsverzeichnis

DASKANNSTDU – genau hinsehen und lesen

Das musst du wissen

- **Sieh genau hin.** Erfasse, welche Teile eines Wortes oder welche Wörter zusammengehören. Lies diese auch zusammen vor.
- **Lies flüssig.** Achte darauf, dass du besonders **deutlich sprichst**.
- Hebe wichtige Wörter durch **Betonungen** hervor.
- **Wechsel** den **Klang** deiner Stimme, die **Lautstärke** und das **Lesetempo**.

1. Hier fehlen alle Vokale. Versuche trotzdem, alle Wörter zu erkennen.

r ss ln	Schr ck	W nd
schn ll	N cht	N b l
H rz	M nd	St rm
pl tzl ch	St rn	m st ns
L cht	ngst	Sp ß
F nst r	s f rt	schl f n
W hn cht n	St b	Gl s
At m	R g nsch rm	z ml ch

2. Lies alle Wörter laut und deutlich vor. Stopp die Zeit, die du dafür brauchst.

3. Versuche jetzt, die Wörter schneller vorzulesen. Achte darauf, dass du schnell und flüssig, aber auch deutlich vorliest. Stopp wieder die Zeit.

4. Schreibe die fehlenden Vokale in die Lücken und lies die Wörter ein drittes Mal. Versuche wieder, dein Lesetempo zu steigern.

Zeit beim 1. Lesen:

Zeit beim 2. Lesen:

Zeit beim 3. Lesen:

5. Versuche, die Zeilen der Pyramiden mit einem Blick zu erfassen. Lies die Pyramiden einmal leise und einmal laut. Lies dann ein drittes Mal laut in einem höheren Tempo.

Gespenst	De
Gespenster	Detek
Gespensterspuk	Detektiv
Gespensterspukhaus	Detektivge
Gespensterspukhausgeschichten	Detektivgeschich
Gespensterspukhausgeschichtenabend	Detektivgeschichten

6. Entschlüssle die folgenden geheimen Botschaften. Lies sie laut, deutlich und flüssig vor.

UMM ITTERNACHTT REFFENW IRU NSI MB AUMHAUSS. EIB ITTEG ANZP ÜNKTLICH. BRINGED EINET ASCHENLAMPEM IT.

ICHWER DEDIR NACH HERDAS GEHEIM NISER ZÄH LEN. DU WIRSTAU GENMA CHEN.

D D R S D S E E M I A F E N N A L E T R R Ä L N U I T O S I G F H.
U A F T A G H I N S U K I E F L W I E E Z H E D B S S N T N E A R.

HCI FRAD ETUEH THCIN MI SUAHMUAB NETHCANREBÜ.

D WRST S CH LLN SCHFFN. JTZT KNN S LSGHN.

7. Lies die Lesepyramide so vor, dass sich ein Gänsehautgefühl entwickelt. Arbeite dabei mit dem Klang deiner Stimme und wechsle das Lesetempo und die Lautstärke.

Als ich aufwachte,
schien Licht durchs Fenster.
Meine Kehle war ganz trocken,
mein Gesicht brannte heiß wie Feuer,
und mein Kopf hämmerte stärker als je zuvor.
Ich stand auf und spürte die Eiseskälte des Steinbodens.
Nach einer Tasse heißem Tee kletterte ich in mein Bett zurück.
Mindestens fünf Minuten schlugen meine Zähne klappernd aufeinander –
so wie ich es bisher nur aus Büchern kannte.

Wer war der Täter? – Still lesen und den Inhalt verstehen

Das musst du wissen

- Wähle **beim stillen Lesen** deine Lesegeschwindigkeit so, dass du den Inhalt gut erfassen kannst. Gerade beim leisen Lesen solltest du ein **langsameres Lesetempo wählen**, damit du alles verstehst.
- Stell dir dabei das **Gelesene** in **Bildern** vor, wenn das möglich ist. So kannst du es dir besser einprägen.

1. Lies die folgende Kriminalgeschichte aufmerksam durch. Achte darauf, dass du sehr konzentriert und genau liest.

Tipp: Lies so, dass du Fragen zum Text beantworten kannst, ohne noch einmal nachlesen zu müssen. Versuche, dir beim Lesen die Geschichte wie einen Film vorzustellen.

Ursel Scheffler (geb. 1938)
Der Ölfleck

Eine hässliche Öllache treibt im Morgengrauen auf das Elbufer zu. Beunruhigt verständigen die Anlieger die Polizei.

„In letzter Zeit sind mehrere solche Fälle gemeldet worden", entsinnt sich Kommissar Kugelblitz. „Ich denke, wir sollten diesen Schmutzfinken einmal energisch auf die Finger sehen!"

5 Und dann schickt er seine Ermittlungsbeamten los. Sie sollen herausfinden, welche Schiffe in der fraglichen Zeit die Verschmutzungsstelle passiert haben.

Er selbst begibt sich in den Hamburger Hafen und hört sich auf den Schiffen um, die in der vergangenen Nacht den Fluss heraufgekommen sind.

Da gibt es die unterschiedlichsten Aussagen und Verdächtigungen, die Kugelblitz alle nicht

10 weiterhelfen. Nur eine Aussage ist präziser: Kapitän Sanders von der Priscilla erinnert sich, dass der Frachter Ikarus auf der Höhe des Schweinesandes seine Fahrt flussabwärts verlangsamt und offenbar Altöl abgelassen hat. „Der Kapitän lehnte sich über die Reling und sah interessiert ins Wasser. Ich dachte mir, sieh mal an, der olle Schmitz hält immer noch nichts von den neuen Vorschriften. Kein Wunder, wenn die Aale in der Elbe krepieren!", erzählt Kapitän

15 Sanders. „Die Verschmutzung wurde allerdings nicht am Schweinesand, sondern auf der Höhe von Schulau gemeldet", überlegt Kugelblitz. „Na klar, die ist inzwischen bis dahin abgedriftet. Das ist doch immerhin ein paar Stunden her!" „Ach natürlich, selbstverständlich", sagt Kugelblitz und ist ein bisschen ärgerlich, dass er nicht selbst daran gedacht hat.

20 Der Kapitän der Ikarus ist sehr überrascht, als kurz vor Cuxhaven plötzlich ein Polizeiboot bei-
dreht und ein rundlicher, aber sehr beweglicher kleiner Mann mit Seehundschnauzbart an
Bord klettert. „Alles verzollt!", sagt der Kapitän mürrisch. „Aber, aber! Wir sind doch nicht vom
Zoll, Kapitän Schmitz!", sagt Kugelblitz.

Der Kapitän scheint etwas beruhigt und lacht. Aber er freut sich zu früh. „Trotzdem kommen
25 wir in einer sehr ernsten Angelegenheit. Es geht um Wasserverschmutzung. Der Kapitän der
Priscilla will beobachtet haben, dass Sie heute Nacht in der Höhe des Schweinesandes Altöl
abgelassen haben!" „Ich? So etwas würde ich nie tun!", protestiert der Kapitän. „Und übrigens,
wie will einer mitten in der Nacht erkennen, dass Altöl aus einem Schiff kommt und nicht
normales Brauchwasser?" „Er hat behauptet, dass er Sie sogar erkannt hat. Sie haben im
30 Schein der Schiffsbeleuchtung an der Reling gestanden und auf die Wasserfläche gesehen."
„Der muss ja ein Hellseher sein, dieser Sanders oder wie er heißt. Ich jedenfalls habe weder
ihn noch sein Schiff gesehen. Ich kenne die Priscilla gar nicht. Muss ja der reinste Nudeltopf
sein. Kann mir nicht vorstellen, dass mir diese Badewanne je vor den Bug gekommen ist",
brummt der Kapitän der Ikarus ärgerlich. „Und doch will Sie Sanders zweifelsfrei erkannt ha-
35 ben", gibt Kugelblitz zu bedenken. „Wenn Sie nach Hamburg zurückkommen, dann richten
Sie ihm bitte aus, dass er sich erst eine Brille verschreiben lassen soll, ehe er anständige See-
leute in falschen Verdacht bringt!", schlägt Schmitz ärgerlich vor. „Trotzdem muss ich die Sache überprüfen", sagt Kugelblitz. Er zwirbelt nachdenklich seinen Seehundsbart zwischen
Daumen und Zeigefinger und starrt auf seine Schuhspitzen. „Aber da Sie ein so reines Gewis-
40 sen haben, stört es Sie sicher nicht, wenn wir eine Ölprobe aus den Tanks entnehmen und de-
ren Zusammensetzung mit der des aufgefundenen Öls vergleichen?" „Tun Sie, was Sie nicht
lassen können", brummt der Kapitän. „Ich wollte sowieso in Cuxhaven meine Ladung lö-
schen."

Die Untersuchung bestätigt den Verdacht von Kapitän Sanders. Kapitän Schmitz wird zu einer
45 deftigen Geldstrafe verurteilt. Für den Wiederholungsfall droht ihm der Richter eine Haftstrafe
an. „Sie wissen, dass unsere Gewässer eine kostbare Sache sind. Und gerade Sie als Kapitän
sollten sich dafür besonders verantwortlich fühlen", schließt der Richter.

Als Kugelblitz von dem Urteil erfährt, brummt er: „Ich war sicher, dass dieser Schmitz kein
reines Gewissen hatte. So was spürt man. Außerdem nahm er es schon bei seiner Aussage mit
50 der Wahrheit nicht ganz genau."

2.   Von den folgenden Aussagen ist die Hälfte richtig, die andere Hälfte ist falsch. Streiche die
falschen Aussagen durch.

A   Die Polizei wird eines Morgens auf die Öllache am Elbufer aufmerksam.

B   Kugelblitz hört sich zunächst auf den Schiffen im Hamburger Hafen um.

C   Die Verschmutzung wurde nicht am Schweinesand, sondern auf der Höhe von
Schulau gemeldet.

D   Herr Schmitz gibt Kugelblitz den Tipp, dass die „Ikarus" Altöl abgelassen habe.

E   Bei einer Ölprobe wird festgestellt, dass das Öl aus dem Frachter „Priscilla" stammt.

F   Kugelblitz war sich von Anfang an sicher, dass Schmitz kein reines Gewissen hat.

3. Kreuze jeweils die richtige Aussage an.

☐ Herr Sanders ist der Kapitän der „Priscilla".

☐ Herr Sanders ist der Kapitän der „Ikarus".

☐ Es gab schon längere Zeit keine Fälle von Ölverschmutzung mehr.

☐ In letzter Zeit sind mehrere Fälle von Ölverschmutzung gemeldet worden.

☐ Detektiv Kugelblitz nimmt die Ermittlungen sofort auf.

☐ Kommissar Kugelblitz nimmt die Ermittlungen sofort auf.

☐ Das Altöl wurde nachts in die Elbe abgelassen.

☐ Das Altöl wurde am frühen Morgen in die Elbe abgelassen.

4. Erkläre, woran Kommissar Kugelblitz gemerkt hat, dass Schmitz es bei seiner Aussage mit der Wahrheit nicht ganz so genau genommen hat.

_____

_____

_____

_____

_____

_____

_____

_____

_____

_____

_____

_____

Die drei Spatzen – ein Gedicht vortragen

Das musst du wissen

- Lies das Gedicht mehrfach genau durch und kläre seinen Inhalt. Bereite es mit Markierungen und Unterstreichungen für einen Vortrag vor. Folgende Zeichen kannst du dafür benutzen:

  __ :   Hervorhebung eines Wortes durch **Betonung**

  / :   **kurze Pause**

  // :   **lange Pause**

- Beachte beim Vortragen des Gedichts deine Pausenzeichen. Bei einer **kurzen Sprech-pause** zählst du **in Gedanken 3, 4, 5.** Bei einer **langen Pause zählst du lautlos 11, 12, 13 und 14,** bevor du weitersprichst.
- **Betone** während deines Gedichtvortrags besonders die **Wörter, die du** unterstrichen **hast.**
- **Gib die Stimmung** des Gedichtes **mit deiner Stimme wieder.** Überlege dir dazu, an wel-chen Stellen du z. B. laut, leise sprechen musst und an welchen Stellen deine Stimme z. B. fröhlich, traurig, ängstlich oder wütend klingen sollte.

1. Lies das folgende Gedicht mehrmals still durch. Mache dir Strophe für Strophe den Inhalt klar (z. B. indem du ihn mit eigenen Worten deinem Nachbarn/deiner Nachbarin erzählst).

Christian Morgenstern (1871 – 1914)
Die drei Spatzen

In einem leeren Haselstrauch
Da sitzen drei Spatzen. Bauch an Bauch.

Der Erich rechts und links der Franz
Und mittendrin der freche Hans.

5 Sie haben die Augen zu, ganz zu
Und oben drüber, da schneit es, hu!

Sie rücken zusammen dicht an dicht,
So warm wie der Hans hat's niemand nicht.

Sie gehören alle drei ihrer Herzlein Gepoch
10 Und wenn sie nicht weg sind, dann sitzen sie noch.

2. Bereite das Gedicht für einen Vortrag vor:
- Setze passende Betonungs- und Pausenzeichen in den Text.
- Notiere dir am Textrand, an welchen Stellen deine Stimme wie klingen soll (z. B. laut, tief, fröhlich, ...).

3. Übe einen wirkungsvollen Vortrag des Gedichts ein und trage es vor.

Tipp: Mit dem Gedicht „Ein großer Teich war zugefroren" von Johann Wolfgang Goethe auf S. 27 kannst du das Vortragen von Gedichten weiter üben.

Vom Bahnhof zur Marienschule – einen Busfahrplan lesen

Das musst du wissen

- Kläre zuerst, **welche Informationen** eine Tabelle oder ein Schaubild wie z. B. ein Busfahrplan gibt.
- Mache dir klar, **worüber die einzelnen Teile** (z. B. Spalten, Zeilen oder Kästen) **informieren** (z. B. Haltestellen, Fahrtzeiten).
- Suche **wichtige Informationen** heraus. Markiere diese Informationen oder schreibe sie heraus.

Dies ist der Busfahrplan der Buslinie, mit der Paula und Alexander zu ihrer neuen Schule, der „Marienschule", fahren.

300 · Linie **36** · **Montag–Freitag** · **36** · **NIAG** · Geldern – Sonsbeck – Xanten

Haltestellen								Abfahrtszeiten								
		S	FT	S	F	S	F	F	S	F	S	F	S	F	S	
Geldern Bf. ab		6.52	7.08	7.18	7.38	8.08	8.08	9.08	10.08	11.08	11.38	12.08	12.38	13.08	13.38 14.08	18.08
Geldern Markt		54	10	20	40	10	10	10	10	10	40	10	40	10	40 10	10
Michael Schule		55	11	21	41	11	11	11	11	11	41	11	41	11	41 11	11
Nordwall		56	12	22	42	12	12	12	12	12	42	12	42	12	42 12	12
Geldern Polizei		57	13	23	43	13	13	13	13	13	43	13	43	13	43 13	13
Lessingstraße		58	14	24	44	14	14	14	14	14	44	14	44	14	44 14	14
St.–Clemens–Hospital		59	15	25	45	15	15	15	15	15	45	15	45	15	45 15	15
Bönninger Weg		7.03	19	29	49	19	19	19	19	19	49	19	49	19	49 19	19
Kapellen Kirche		08	24	34	54	24	24	24	24	24	54	24	54	24	54 24	24
Marienschule		10	26	36	56	26	26	26	26	26	56	26	56	26	56 26	26
St. Bernardin		11	27	37	57	27	27	27	27	27	57	27	57	27	57 27	27
Hamb Pastorat		14	30	40	8.00	30	30	30	30	30	12.00	30	13.00	30	14.00 30	alle 30
Strohweg		16	32	42	02	32	32	32	32	32	02	32	02	32	02 32	60 32
Forsthaus Winkel		18	34	44	04	34	34	34	34	34	04	34	04	34	04 34	Min. 34
An der Geer		20	36	46	06	36	36	36	36	36	06	36	06	36	06 36	36
Sonsbeck Grundschule		21			47			37									
Gaststätte Plooheide		6.23	6.23	22	37	48	07	37	38	37	37	37	07	37	07	37 07 37	37
Sonsbeck Post		24	24	23	38	49	08	38	39	38	38	38	08	38	08	38 08 38	38
Neutorplatz		27	27	26	41	52	11	41	42	41	41	41	11	41	11	41 11 41	41
Altenheim		28	28	27	42	53	12	42	43	42	42	42	12	42	12	42 12 42	42
Labbeck Furth		31	31	30	45	56	15	45	46	45	45	45	15	45	15	45 15 45	45
Restaurant Roeschen		32	32	31	46	57	16	46	47	46	46	46	16	46	16	46 16 46	46
Am Waymannshof		34	34	33	48	59	18	48	49	48	48	48	18	48	18	48 18 48	48
Xanten Schulzentrum		37	37	36	51	8.02	21	51	52	51	51	51	21	51	21	51 21 51	51
Xanten Bf.		39	39	38	53	04	23	53	54	53	53	53	23	53	23	53 23 53	53
Bahnhofstraße an		6.41	6.41	7.40	7.55	8.06	8.25	8.55	8.56	9.55	10.55	11.55	12.25	12.55	13.25	13.55 14.25 14.55	18.55

S = nur an Schultagen   F = nur an Ferientagen
T = TaxiBus – nur nach Voranmeldung 8–20 Uhr 30 Min. vor Abfahrt 01801/6 42 42 78 (3,9 Ct/Min. aus dem dt. Festnetz, aus dem Mobilfunknetz können die Preise abweichen)

1. Beantwortet folgende Fragen.

a) Mit welcher Linie fahren Paula und Alexander?

_____

b) Wie viele Haltestellen fährt der Bus an?

_____

c) Welche Orte verbindet die Buslinie?

_____

2. Beantwortet mithilfe des Busfahrplans folgende Fragen in ganzen Sätzen.

a) Was bedeuten die Angaben „S" und „F" in der Spalte unter Abfahrtszeiten?
Wann fahren die Busse, wenn keine Angabe in der Spalte steht?

b) An welchen Wochentagen fährt der Bus? An welchen Tagen fährt er nicht?

c) Alexander wohnt am Gelderner Markt. An welcher Haltestelle muss er wann den Bus
nehmen, um um acht Uhr in der Marienschule zu sein?

d) Paula wohnt in der Nähe der Polizei in Geldern. An welcher Haltestelle muss sie wann
den Bus nehmen, um pünktlich um acht Uhr in der Marienschule zu sein?

e) Alexander und Paula sind beide im Judoverein. Sie haben vereinbart, dass sie mittwochs zusammen zum Sport fahren. Die Sporthalle befindet sich im Xantener Schulzentrum. Das Training beginnt um 15.00 Uhr. Welchen Bus muss Alexander nehmen und wann steigt Paula dazu?

_____

_____

_____

_____

f) An diesem Freitag haben Paula und Alexander um 18.00 Uhr einen Judowettkampf in ihrer Trainingshalle. Sie wollen wieder zusammen fahren und sich im Bus treffen. Welchen Bus muss Alexander jetzt nehmen und wann steigt Paula dazu?

_____

_____

_____

_____

g) Alexander will an einem Ferientag seine Oma besuchen. Sein Zug, den er nehmen muss, fährt um 14.10 Uhr vom Bahnhof Xanten ab. Welchen Bus muss Alexander nehmen, um den Zug zu bekommen? Vorher trifft er sich mit seinem Freund Ben, der in der Nähe der Haltestelle Lessingstraße wohnt.

_____

_____

_____

_____

„SST – Notfall, Notfall!" – Ein Schaubild beschreiben

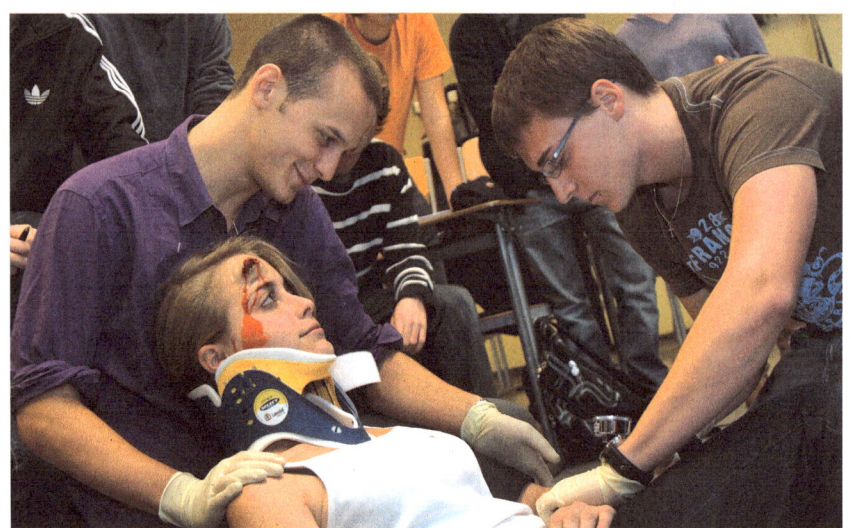

Die Marienschule hat einen eigenen Schulsanitätsdienst (SST). Schülerinnen und Schüler werden hier zu Sanitäterinnen und Sanitätern ausgebildet und leisten Erste Hilfe, wenn sich ihre Mitschüler verletzen. Manchmal ereignen sich auch schwerere Unfälle. Damit die Schülersanitäter genau wissen, was dann zu tun ist, haben sie in ihrem Raum folgendes Schaubild aufgehängt:

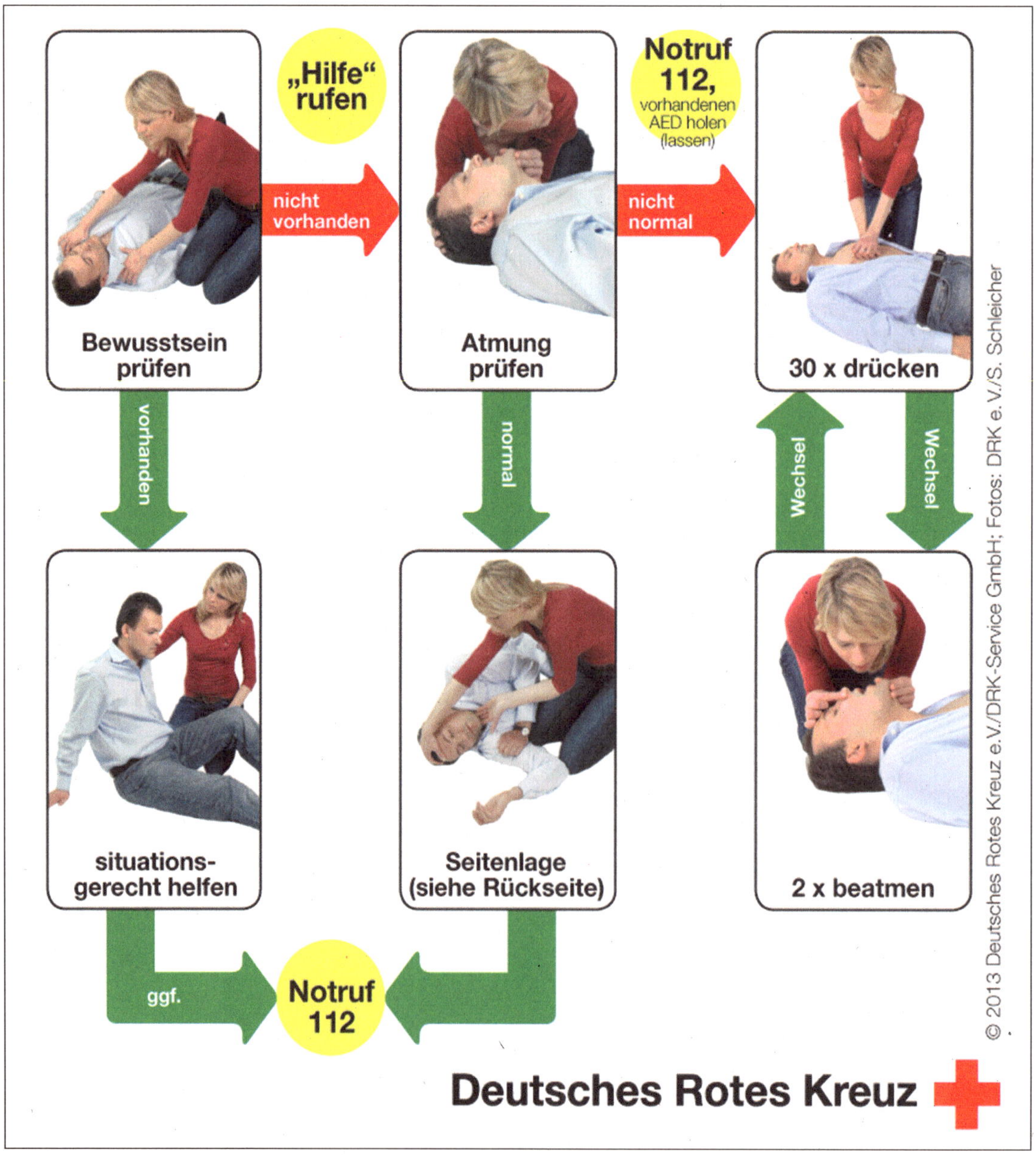

Bewusstsein prüfen

„Hilfe" rufen

nicht vorhanden

Atmung prüfen

Notruf 112, vorhandenen AED holen (lassen)

nicht normal

30 x drücken

vorhanden

normal

Wechsel

Wechsel

situations- gerecht helfen

Seitenlage (siehe Rückseite)

2 x beatmen

ggf.

Notruf 112

Deutsches Rotes Kreuz

© 2013 Deutsches Rotes Kreuz e.V./DRK-Service GmbH; Fotos: DRK e.V./S. Schleicher

1. Sieh dir das Schaubild von oben nach unten an. Mache dir klar, wie der Schülersanitäter bei welchem Verhalten des Verletzten reagieren soll.

2. Beschreibt mithilfe des Schaubildes die möglichen Schritte, die ein Schülersanitäter durchführen sollte, um einen Menschen richtig zu versorgen. Vervollständigt dazu den folgenden Text. Ihr könnt in eurer Beschreibung folgende Wörter/Bausteine verwenden:

> bei Bewusstsein ● Wechsel ● Als Erstes ● Atmung überprüfen ● Eventuell ● nicht bei Bewusstsein ● normal ● durch den Mund ● mit dem Notruf ● durch Ansprechen und Anfassen ● nicht normal ● auf den Rücken ● Atemspende und Herz-Lungen-Wiederbelebung ● je nach Situation ● der Notarzt ● in die stabile Seitenlage ● 30 mal ● sofort ● Wechsel

_____ prüft man, ob der Verletzte _____

ist (z. B. _____).

Falls der Verletzte bei Bewusstsein ist, muss man dem Verletzten _____

_____ helfen (z. B. durch Anlegen eines Verbandes).

_____ sollte über den Notruf weitere Hilfe geholt werden.

Sollte man feststellen, dass der Verletzte _____ ist, muss

man die _____ . Ist diese _____ , bringt man den

Verletzten _____ . Danach ruft man

_____ einen Krankenwagen und ärztliche Hilfe.

Wenn der Verletzte nicht bei Bewusstsein ist und man feststellt, dass die Atmung

_____ ist, muss man _____ über den Notruf

Hilfe bzw. einen Rettungswagen anfordern. Dann legt man den Verletzten _____

_____ und leistet Erste Hilfe. Dazu führt man im _____

_____

durch. Mit beiden flachen Händen drückt man zuerst in kurzen Abständen _____

kräftig auf die Brust des Verletzten. Danach beatmet man ihn zweimal _____

_____ . Dabei hält man seine Nase zu. Diese beiden Maßnahmen führt man

dann weiter im _____ durch, bis _____

eintrifft.

Dort war es ganz toll! – Einen Brief überarbeiten

Das musst du wissen

- **Schreibe** besonders **ordentlich** und lass an allen Seiten einen Rand von 2 – 3 cm.
- Der **Briefkopf** enthält die Angabe des **Ort**es und des **Datum**s. Er steht oben rechts (z. B.: Paderborn, 05.05.2010).
- Die **Anrede** richtet sich danach, wie vertraut du mit dem Empfänger bist (Hallo Max *oder* Sehr geehrter Herr Müller). Die Anrede **du/dir** schreibt man in der Regel **klein**.
- Im **Brieftext** schreibst du dem Empfänger von **deinen Erlebnissen**, **Gefühlen** und **Gedanken**. **Sprich den Empfänger** als Abschluss des Brieftextes noch einmal **persönlich an** (z. B.: Hoffentlich sehen wir uns bald. Was gibt es Neues bei dir? Lass uns bald einmal telefonieren.).
- Der **Briefschluss** besteht aus der **Grußformel** (z. B.: Liebe Grüße) und deiner **Unterschrift**.
- Lass **zwischen den einzelnen Teilen** des Briefes **eine Zeile frei**.

Tanja hat ihrer Freundin Anna einen Brief über ihre Sommerferien auf einem Reiterhof geschrieben. Sie hat ihn auf dem Notebook ihres Vaters geschrieben. Mit dem Schreiben eines Briefes am Notebook hat sie allerdings noch einige Probleme, weshalb ihr Brief ausgedruckt so aussieht:

> Liebe Anna, 03.08.2010 wie geht es dir? Mir geht es prima! Erst gestern bin ich von meinen Reiterferien am Bodensee nach Hause gekommen. Dort war es ganz toll. Es gab auf dem Reiterhof viele Pferde und
> 5 Ponys. Ganz besonders mochte ich „Fliegender Stern". Das ist ein Pony mit schwarz-weiß geflecktem Fell, ein richtiges Indianerpferd. Der hätte dir bestimmt auch gefallen. Einmal durfte ich in der Gruppe sogar ausreiten. Das war natürlich ganz
> 10 klasse. Jeden Tag hatten wir zwei Reitstunden. So kann ich jetzt schon alleine ausreiten.
> Tanja

1. Überarbeite Tanjas Brief. Schreibe ihn in der richtigen Form in dein Heft und ergänze die Teile eines Briefes, die Tanja vergessen hat.

Ein aufregendes Urlaubserlebnis – einen Brief schreiben

Tim war mit seinen Eltern auf einem Campingplatz an der Ostsee. Schon am zweiten Tag hatte er am Strand ein ganz besonderes Erlebnis:

_____

_____

_____

_____

_____

_____

_____

_____

1. Seht euch das Bild oben an. Macht euch dann zu dem, was Tim erlebt hat, Notizen.

2. Schreibe für Tim einen Brief an seinen Freund Mirko, in dem er ihm von seinem aufregenden Ferientag berichtet. So kannst du beginnen:

> Stralsund, 01.08.2010
>
> Hallo Mirko,
> na, wie geht es dir so zu Hause in den Ferien? Unser Urlaub an der Ostsee hat gerade angefangen. Ich schreibe dir jetzt schon, weil ich gestern etwas Irres erlebt habe. …

3. Schreibe einen eigenen Brief an eine Freundin oder einen Freund in dein Heft. Erzähle darin von deinen letzten Ferien.

„Niki, lass das!" – Aus der Sicht einer Figur schreiben

Das musst du wissen

- Um eine **Figur besser zu verstehen**, kannst du dich in sie hineinversetzen und das **Geschehen aus ihrer Sicht** erzählen.
- Bei einem **inneren Monolog** versetzt du dich in eine bestimmte Situation, die eine Figur erlebt hat. Dann schreibst du in der **Ich-Form** und im **Präsens** (= Gegenwart) auf, was im **Kopf der Figur in dieser Situation** vorgeht. Zur Vorbereitung kannst du mögliche Gedanken und Gefühle der Figur z. B. in Gedankenblasen sammeln.
- Bei einem **Tagebucheintrag** gibst du aus der Sicht einer Figur das Geschehen wieder. Du erzählst, **was deine Figur erlebt hat** und **wie sie darüber denkt**. In einem Tagebucheintrag musst du das **Präteritum** (= Vergangenheit) verwenden, wenn du über Vergangenes schreibst.

1. Ordne den Abschnitten des folgenden Textes jeweils eine Abbildung zu. Verbinde mit einer Linie die Zeichnungen mit dem passenden Absatz.

❶

Ilse Bintig

Dominik und Löwenmähne

„Löwenmähne! Löwenmähne!", ruft Niki und greift in Ilonas lange, blonde Haare. „Niki, lass das!", schreit Ilona wütend. „Ich heiße nicht Niki, ich heiße Dominik! Und wenn du noch einmal Niki sagst ...!" – „Und wenn du noch einmal Löwenmähne zu mir sagst, dann ..."

❷

5 „Na gut", sagt Niki, „dann sag ich eben Ilona!" Er hüpft vor Ilona wie ein Gummiball und singt in den höchsten und tiefsten Tönen: „Iiiiiiiii – looooooooo – naaaaaaa!" Dann läuft er weg. Vom anderen Ende des Schulhofs hört Ilona Niki wieder ihren Namen schreien. Diesmal klingt's wie Indianergeheul, weil Niki immer mit der Hand auf den Mund schlägt. „Iiiiiiiii – looooooooooo –
10 naaaaaaaa!" Ilona legt ihre Hände an den Mund und schreit: „Blödmann!"

Dann läuft sie zu den Mädchen, die wie in jeder Pause auch heute wieder „Völkerball im Kreis" spielen. Ilona stellt sich dazu und nun fliegt der Ball eine Weile hin und her. Gerade als Ilona den Ball schnappen will, schnappt ihn ein anderer weg. Niki! Schon wieder Niki!

❸

15 „Gib den Ball her!", schreit Ilona zornig. „Nimm ihn dir doch!", ruft Niki und hält Ilona den Ball vor die Nase. Jedes Mal, wenn Ilona nach dem Ball greifen will, tickt Niki ihn auf die Erde. Schließlich wirft er den Ball in den Kreis und haut ab. Als es schellt, taucht Niki schon wieder neben Ilona auf. Er knufft sie blitzschnell in die Seite und verschwindet in der Menge der Kinder, die ins

❹
20 Schulhaus laufen. Ilona ist wütend. Gut, dass sie ein Tagebuch hat! Heute Abend wird sie sich alle Wut von der Seele schreiben. Als sie abends allein in ihrem Zimmer sitzt, holt sie ihr sorgsam verschlossenes Tagebuch aus der Schreibtischschublade. Mit dem Schlüsselchen, das sie an einer Kette um den Hals trägt, schließt sie die letzten Seiten auf und fängt an zu schreiben.

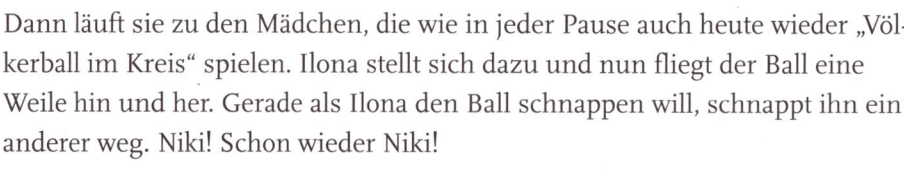

2. Was könnte Dominik denken, als er „Löwenmähne! Löwenmähne!" ruft? Schreibt mögliche Gedanken von Dominik in die Gedankenblasen.

3. Schreibe einen inneren Monolog für Dominik in dieser Situation in dein Heft. Beginne so:

„Löwenmähne! Löwenmähne!", ruft Niki und denkt: „…"

4. Wie wird sich Ilona am Abend die Wut von der Seele schreiben? Verfasse einen Tagebucheintrag von Ilona über den Streit mit Dominik und schreibe ihn in dein Heft. Beginne so:

Liebes Tagebuch,
heute hatte ich einen richtig miesen Tag. Niki
musste mich wieder ständig nerven! …

„Tach, Herr Fitzke!" – Eine Figur beschreiben

1. Lies dir den folgenden Auszug aus dem Jugendbuch „Rico, Oskar und die Tieferschatten" genau durch. Markiere alles, was du über Herrn Fitzke erfährst. Notiere dir dazu auch Stichworte am Rand des Textes.

Rico und Herr Fitzke

In dem Buch „Rico, Oskar und die Tieferschatten" geht es um die Abenteuer, die Rico erlebt. Rico lebt in Berlin und verbringt die Ferien zu Hause bei seiner Mutter. Oft vertreibt er sich die Zeit mit verrückten Beschäftigungen. In dem gleichen Haus wie Rico lebt auch der alte Herr Fitzke. Von einem Zusammentreffen der beiden erzählt der folgende Textauszug.

Ihre Tür schlug zu und ich klopfte bei Fitzke. Man muss immer bei Fitzke klopfen, seine Klingel ist nämlich kaputt, vermutlich schon seit 1910, als das Haus gebaut wurde.
Warten, warten, warten.
5 Schlurf, schlurf, schlurf hinter der dicken Altbautür.
Dann endlich Fitzke in Person, wie üblich in seinem dunkelblauen Schlafanzug mit den grauen Längsstreifen. Sein Knittergesicht war voller Bartstoppeln und in alle Richtungen standen ihm die strähnigen grauen Haare vom Kopf ab.
10 Echt, so was Ungepflegtes!
Ein dumpfer, muffiger Geruch schlug mir entgegen. Wer weiß, was Fitzke darin lagert. In seiner Wohnung, meine ich, nicht in seinem Kopf. Ich versuchte, unauffällig an ihm vorbeizugucken, aber er versperrte die Sicht. Absicht! Ich war schon in jeder Wohnung im Haus,
15 nur in Fitzkes nicht. Er lässt mich nicht rein, weil er mich nicht leiden kann.
„Ah, der kleine Schwachkopf", knurrte er.
[...]

„Tach, Herr Fitzke", sagte ich, „ich hoffe, ich habe Sie nicht geweckt."

20 Fitzke sieht noch älter aus als der Rentner, den es beim Bingo erwischt hat [Rico hatte vorher erzählt, dass vor ein paar Wochen ein Rentner nach der Ziehung der Bingozahlen im Rentnerclub plötzlich tot dalag]. Und echt schmuddelig. Angeblich lebt er selber auch nicht mehr lange, deshalb trägt er immer nur seinen Schlafanzug, sogar

25 zum Einkaufen bei Edeka. Falls er mal aus den Latschen kippt, hat er dann immerhin gleich die passenden Klamotten an. Seit er klein war, habe er es schon am Herzen, hatte Fitzke mal zu Frau Dahling gesagt, deshalb käme er total schnell aus der Puste und irgendwann dann PENG! Ich finde, auch wenn er bald stirbt, könnte er sich ruhig

30 ordentlich anziehen oder wenigstens ab und zu den Schlafanzug waschen, zum Beispiel an Weihnachten. Ich würde jedenfalls nicht gern zusammengebrochen bei Edeka vor der Käsetheke liegen und total eklig riechen, obwohl ich erst seit einer Minute tot bin.

Fitzke stierte mich nur an, also hielt ich ihm die Nudel unter die Na-

35 se. „Ist das Ihre?" „Kauf dir mal ein Gehirn!"

[...]

Fitzke verdrehte die Augen. Gleich würde er platzen.

[...]

„Dann zeig mal genauer."

40 Er nahm mir die Nudel ab und drehte sie zwischen den Fingern. Dann steckte er sie sich – meine Fundnudel! – in den Mund und schluckte sie runter. Ohne zu kauen. Tür zu, WUMMS!

(aus dem Kapitel „Die Fundnudel"; in: Andreas Steinhöfel: Rico, Oskar und die Tieferschatten, Carlsen Verlag GmbH, Hamburg 2008, S. 10 f.)

2. Sucht aus dem Wortspeicher die Adjektive heraus, die auf Herrn Fitzke zutreffen.

_____

_____

_____

_____

_____

_____

träge ● unhöflich ● humorvoll ● spontan ● arrogant ● zickig ● großzügig ● schüchtern ● bequem ● unordentlich ● offen ● direkt ● verbohrt ● fröhlich ● geizig ● launisch ● nachdenklich ● ehrgeizig ● ungepflegt ● hilfsbereit ● ehrlich ● faul

3. Vervollständigt mithilfe des Textes und der Markierungen das Schaubild.

Herr Fitzke	
Äußere Merkmale	**Lebensumstände**
	• wohnt in einem alten Mehrfamilienhaus
Eigenschaften	**Verhalten**
Beziehung zu Rico und anderen	

4. Beschreibe nun mithilfe der zutreffenden Adjektive von Aufgabe 2 und des Schaubildes Herrn Fitzke genau. Schreibe eine Figurenbeschreibung von Herrn Fitzke in dein Heft. Beginne dabei so:

Die Figur Herr Fitzke in dem Jugendbuch „Rico, Oskar und die Tieferschatten" von Andreas Steinhöfel ist ein alter Mann. Er wohnt …

Den Inhalt eines Märchens erschließen

Das musst du wissen

- Um ein **Märchen richtig zu verstehen**, musst du dir zunächst einen **Überblick über die Handlung verschaffen**. Dann kannst du es auch gut nacherzählen oder wirkungsvoll vortragen.
- Teile das Märchen zunächst in **Sinnabschnitte** ein und **kläre Abschnitt für Abschnitt, was jeweils geschieht** (z. B. indem du jemandem den Inhalt der einzelnen Abschnitte mit eigenen Worten erzählst). Oft ist es sinnvoll, den einzelnen Sinnabschnitten eine Überschrift zu geben.
- Um dir den Inhalt der einzelnen Sinnabschnitte zu merken, kannst du z. B. eine **Bildfolge zeichnen** oder **Stichworte zum Inhalt** am Textrand oder auf einem Zettel notieren.

Hans Christian Andersen (1805 – 1875)
Die Prinzessin auf der Erbse

Es war einmal ein Prinz, der wollte eine Prinzessin heiraten. Aber das sollte eine wirkliche Prinzessin sein. Da reiste er in der ganzen Welt herum, um eine solche zu finden, aber überall fehlte etwas. Prinzessinnen gab es genug, aber ob es wirkliche
5 Prinzessinnen waren, konnte er nie herausfinden. Immer war da etwas, was nicht ganz in Ordnung war. Da kam er wieder nach Hause und war ganz traurig, denn er wollte doch gern eine wirkliche Prinzessin haben.

Eines Abends zog ein furchtbares Wetter auf, es blitzte und
10 donnerte, der Regen stürzte herab; und es war ganz entsetzlich. Da klopfte es an das Stadttor; und der alte König ging hin, um aufzumachen. Es war eine Prinzessin, die draußen vor dem Tor stand. Aber wie sah sie vom Regen und dem bösen Wetter aus! Das Wasser lief ihr von den Haaren und Kleidern herab, lief in
15 die Schnäbel der Schuhe hinein und zum Absatz wieder hinaus. Sie sagte, dass sie eine wirkliche Prinzessin wäre.

„Ja, das werden wir schon erfahren!", dachte die alte Königin, aber sie sagte nichts, ging in die Schlafkammer hinein, nahm alles Bettzeug ab und legte eine Erbse auf den Boden der Bett-
20 stelle. Dann nahm sie zwanzig Matratzen, legte sie auf die Erbse und dann noch zwanzig Eiderdaunendecken[1] oben auf die Matratzen. Hier sollte nun die Prinzessin die ganze Nacht über liegen.

---

[1] Eiderdaunen sind die wertvollsten Daunen. Sie stammen von der Eiderente, die in Grönland und Island lebt. Dort werden die Daunen von Hand aus den Nestern gesammelt.

Am Morgen wurde sie gefragt, wie sie geschlafen hätte. „Oh,
25 entsetzlich schlecht!", sagte die Prinzessin. „Ich habe fast die
ganze Nacht kein Auge geschlossen! Gott weiß, was in meinem
Bett gewesen ist. Ich habe auf etwas Hartem gelegen, sodass
ich am ganzen Körper braun und blau bin! Es ist ganz entsetzlich!" Daran konnte man sehen, dass sie eine wirkliche Prin-
30 zessin war, da sie durch die zwanzig Matratzen und die Eiderdaunendecken die Erbse gespürt hatte. So feinfühlig konnte
niemand sein außer einer echten Prinzessin.

Da nahm sie der Prinz zur Frau, denn nun wusste er, dass er
eine wirkliche Prinzessin gefunden hatte. Und die Erbse kam
35 auf die Kunstkammer, wo sie noch zu sehen ist, wenn sie niemand gestohlen hat.

Seht, das war eine wirkliche Geschichte.

1. Ein Schüler der Klasse 5a hat schon angefangen, sich die Märchenhandlung mithilfe von kleinen Zeichnungen zu erschließen.
Lies das Märchen ganz genau. Halte den Inhalt der einzelnen Abschnitte in Form einer Zeichnung in den leeren Kästen fest.

2. Überprüft die folgenden Aussagen. Kreuzt die richtigen Aussagen an und berichtigt die falschen Aussagen auf den Zeilen darunter.

a) ☐ Der Prinz möchte eine echte Prinzessin heiraten.

_____

_____

_____

b) ☐ Auf seiner Reise hat er nicht eine Prinzessin kennengelernt.

_____

_____

c) ☐ An einem schönen Sommertag stand auf einmal eine Prinzessin vor dem Stadttor.

d) ☐ Die Prinzessin schläft in einem schönen, bequemen Bett.

e) ☐ Die Prinzessin hat nicht gut geschlafen, da etwas im Bett gelegen hat.

f) ☐ Die Prinzessin hat braune und blaue Flecken, weil eine Bohne sie gedrückt hat.

g) ☐ Die Prinzessin ist eine echte Prinzessin und heiratet den Prinzen.

Merkmale von Märchen erkennen und nachweisen

Das musst du wissen

Die wichtigsten **Merkmale von Märchen** sind:

- Am **Anfang** eines Märchens steht oft eine **Notlage oder Aufgabe**.
- Die **Märchenfiguren** besitzen oft **gegensätzliche Eigenschaften** (z. B.: gut – böse, schön – hässlich, klug – dumm, arm – reich, tapfer – feige, ...).
- In Märchen kommen **besondere Wesen** (z. B.: Zauberer, Hexen, Feen, sprechende Tiere) oder **besondere Gegenstände** (z. B. verzauberte Bäume) vor.
- Eine besondere Rolle spielen **Zahlen** (z. B.: drei Brüder), **Zauberformeln** und **besondere Sprüche** (z. B.: Knusper, knusper, kneuschen – wer knabbert an meinem Häuschen?).
- Märchen haben oft ein **gutes Ende**. Meistens **siegt das Gute** und das **Böse wird besiegt** und der Märchenheld oder die Märchenheldin erhält eine **Belohnung**.
- Viele Märchen haben einen **formelhaften Anfang** (z. B.: Es war einmal ...) oder ein **formelhaftes Ende** (z. B.: Und wenn sie nicht gestorben sind, dann leben sie noch heute.).

1. Weist nach, welche Merkmale das Märchen von der „Prinzessin auf der Erbse" besitzt. Vervollständigt dazu die Tabelle.

Märchenmerkmale	Beispiele aus dem Märchen „Die Prinzessin auf der Erbse"
formelhafter Anfang	*Es war einmal …*
Notlage/Aufgabe am Märchenanfang	
besondere Wesen/ Gegenstände	
gutes Ende/ Belohnung	
formelhaftes Ende	

Die Form von Gedichten bestimmen

Das musst du wissen

- Gedichte bestehen aus einzelnen Zeilen, die man **Verse** nennt. Wenn mehrere Verse zu einem Abschnitt zusammengefasst sind, nennt man das eine **Strophe**.
- Oft enthalten Gedichte **Reime**. **Zwei Wörter** bilden einen Reim, wenn sie **gleich klingen**, z. B.: toll – voll, Baum – Traum.
- Die Reihenfolge der Reime beschreibt man mit kleinen Buchstaben. Die häufigsten Reime (**Reimfolgen**) sind:
  Paarreim (aabb), z. B.: munter (a) – bunter (a) – fleißig (b) – Zeisig (b)
  Kreuzreim (abab), z. B.: Leiter (a) – an (b) – Waldarbeiter (a) – Malersmann (b)
  umarmender Reim (abba), z. B.: Winter (a) – Land (b) – Wand (b) – dahinter (a)

---

1. Lest das folgende Gedicht mehrmals und genau. Überprüft, wie gut ihr seinen Inhalt verstanden habt. Kreuzt dazu in der Tabelle unter dem Text an, welche Aussagen richtig und welche falsch sind.

Johann Wolfgang von Goethe (1749 – 1832)
Ein großer Teich war zugefroren

Ein großer Teich war zugefroren; _____

Die Fröschlein, in der Tiefe verloren, _____

Durften nicht ferner quaken noch springen, _____

Versprachen sich aber, im halben Traum: _____

5 Fänden sie nur da oben Raum, _____

Wie Nachtigallen wollten sie singen, _____

Der Tauwind kam, das Eis zerschmolz, _____

Nun ruderten sie und landeten stolz _____

Und saßen am Ufer weit und breit _____

10 Und quakten wie vor alter Zeit. _____

	richtig	falsch
Ein großer Fluss hat eine dicke Eisschicht.		
In dem Teich leben viele Tiere.		
Die Frösche sind traurig, weil sie nicht an die Oberfläche des Teiches können.		
Die Frösche möchten gerne wie Nachtigallen singen, wenn das Eis auf dem Teich geschmolzen ist.		
Die Frösche wollen wie Stare singen.		
Die warme Luft lässt das Eis schmelzen.		
Als der Teich aufgetaut war, sangen die Frösche nicht, sondern quakten.		

2. Beschreibt, wie viele Strophen und Verse das Gedicht hat. Vervollständigt dazu den folgenden Satz.

Das Gedicht mit dem Titel _____

von _____ besteht

aus _____ mit _____ .

3. Schreibe das Reimschema mit kleinen Buchstaben (a, b, c, …) hinter die einzelnen Verse.

4. Vervollständigt das folgende Gedicht. Setzt dazu die Wörter aus dem Wortspeicher ein.

> Stock • nicht • genau • gehn • krah • Brillengesicht • Rock • Frau • krah • stehn • da •

Christian Morgenstern (1871–1914)
Vogelscheuche

Die Raben rufen: „Krah, krah _____ !

Wer steht denn da, wer steht denn _____ ?

Wir fürchten uns nicht, wir fürchten uns _____

vor dir und deinem _____ .

5 Wir wissen es ja ganz _____ ,

du bist nicht der Mann, du bist nicht _____ .

Du kannst ja nicht zwei Schritte _____

und bleibst bei Wind und Wetter _____ .

Du bist ja nur ein bloßer _____

10 mit Stiefeln, Hosen, Hut und _____ .

Krah, krah, _____ !“

5. Welches Reimschema besitzen die Strophen des Gedichts?

_____

6. Mit wem reden die Raben und warum sagen sie, dass sie keine Angst haben?
Schreibe die Antwort in dein Heft.

Sprachliche Bilder erkennen und deuten

Das musst du wissen

- Viele **Formulierungen** in Gedichten kannst du dir **als Bilder in deinem Kopf vorstellen**. Solche Formulierungen nennt man **sprachliche Bilder**, weil in ihnen mit Sprache „gemalt" wird.
- Dazu gehören **Personifikationen** (z. B.: Vor der Tür steht der Herbst). Bei Personifikationen bekommen Begriffe oder Gegenstände menschliche Eigenschaften. Sie werden vermenschlicht.
- Auch **Vergleiche** sind sprachliche Bilder. Bei einem Vergleich wird etwas, z. B. das Aussehen, Verhalten oder die Eigenschaften von jemandem, mithilfe von Vergleichswörtern (z. B.: wie, als wäre, so) bildlich beschrieben (Sie singt *wie* eine Nachtigall).

1. In dem folgenden Gedicht kommen viele sprachliche Bilder vor. Unterstreicht sie und schreibt neben die Zeilen, um welches sprachliche Bild es sich handelt.

Erich Kästner (1899–1974)
Besagter Lenz ist da

Es ist schon so. Der Frühling kommt in Gang.   *Personifikation* _____

Die Bäume räkeln sich. Die Fenster staunen.   _____ _____

Die Luft ist weich, als wäre sie aus Daunen.   _____

Und alles andre ist nicht von Belang.

5 Nun brauchen alle Hunde eine Braut.

Und Pony Hütchen[1] sagte mir, sie fände:

Die Sonne habe kleine, warme Hände   _____

und krabble ihr mit diesen auf der Haut.

Die Hausmannsleute stehen stolz vorm Haus.

10 Man sitzt schon wieder auf Caféterrassen

und friert nicht mehr und kann sich sehen lassen.

Wer kleine Kinder hat, der fährt sie aus.

_____
[1] Pony Hütchen: Cousine von Emil Tischbein aus Erich Kästners
Roman „Emil und die Detektive"

Sehr viele Fräuleins haben schwache Knie.

Und in den Adern rollt's wie süße Sahne. _____

Am Himmel tanzen blanke Aeroplane[2]. _____

Man ist vergnügt dabei. Und weiß nicht wie.

Man sollte wieder mal spazieren gehen.

Das Blau und Grün und Rot war ganz verblichen.

Der Lenz ist da! Die Welt wird frisch gestrichen! _____

Die Menschen lächeln, bis sie sich verstehn.

Die Seelen laufen Stelzen durch die Stadt.

Auf dem Balkon stehn Männer ohne Westen

und säen Kresse in die Blumenkästen.

Wohl dem, der solche Blumenkästen hat!

Die Gärten sind nur noch zum Scheine kahl.

Die Sonne heizt und nimmt am Winter Rache. _____

Es ist zwar jedes Jahr dieselbe Sache,

doch es ist immer wie zum ersten Mal.

_____

[2] Aeroplan: veraltet für Flugzeug

  2. Erklärt, was die sprachlichen Bilder jeweils bedeuten. Vervollständigt dazu die Tabelle.

Sprachliche Bilder	Erklärung
Der Frühling kommt in Gang. (V. 1)	Der Frühling beginnt.
Die Bäume räkeln sich. (V. 2)	Die Bäume wachsen wieder und bekommen frische Blätter.
Die Fenster staunen. (V. 2)	

Sprachliche Bilder	Erklärung

3. Verändere das Gedicht so, dass es den Herbstanfang beschreibt. Schreibe dieses Herbst-
gedicht in dein Heft. Verwende dabei sprachliche Bilder, die zur Jahreszeit *Herbst* passen.
Beginne z. B. so:

Besagter Herbst ist da

Es ist schon so. Der Sommer verliert seinen Schwung.

Die Bäume ducken sich. Die Fenster sehen in den Nebel.

Die Luft ist _____, als wäre sie _____.

Und alles andere ist nicht von Belang.

Welches Tier passt zu mir? – Einen Sachtext erschließen

Das musst du wissen

- **Überfliege** den Sachtext. Mache dir klar, was das **Thema** des Sachtextes ist und welche Informationen er dazu enthält.
- **Gliedere** den Text **in Sinnabschnitte. Gib jedem Textabschnitt eine passende Überschrift.** Einen Sinnabschnitt kannst du z. B. daran erkennen, dass das Thema wechselt oder eine neue Frage beantwortet wird.
- **Hebe das Wichtigste hervor.** Arbeite dabei mit einem Textmarker oder einem feinen farbigen Stift. Überlege bei jedem Wort, ob du es wirklich farbig markieren oder unterstreichen musst.
- Notiere unter den Überschriften die wichtigsten Informationen der einzelnen Textabschnitte in **Stichworten am Rand des Textes**.
- Um den Inhalt eines Sachtextes besser verstehen und behalten zu können, kannst du **Fragen zum Text** entwickeln und beantworten oder eine **Mindmap** anfertigen.

1. Der folgende Sachtext hat sieben Sinnabschnitte. Markiere die vier fehlenden.

Welches Tier passt zu mir?

Es gibt viele Vorteile, wenn Kinder ein Haustier haben. Durch die Pflege eines Tieres lernt man, Verantwortung zu übernehmen, das Einfühlungsvermögen wird gefördert, und außerdem dient ein Haustier immer auch als Kummerkasten. Schließlich streitet man sich nie
5 mit ihm, es hat einen einfach immer lieb. Hunde und Katzen sind für Kinder geradezu perfekt, eben weil sie ein bisschen robuster sind als kleinere Tiere wie Kaninchen oder Meerschweinchen. Diese Winzlinge verletzen sich leichter, etwa wenn sie mal vom Arm springen. Viel bieten können auch Ratten, einfach, weil sie so intelligent
10 sind und man ihnen Kunststücke beibringen kann. Weniger geeignet sind die nachtaktiven Hamster. Meistens schlafen sie tagsüber. Außerdem kann man sie nicht aus dem Käfig lassen, weil sie sich überall durchfressen und manchmal kaum wiederzufinden sind. Es gibt aber auch Tiere, die man auf keinen Fall als Haustiere halten sollte,
15 z. B. Wildtiere. Einen Igel zu halten, ist verboten, außer für ein paar Wochen, falls er in Not ist. Und auch bei exotischen Tieren wie Papageien sollte man aufpassen. Sie müssen eine Bescheinigung haben,

Vorteile von Haustieren für Kinder
- lernen, Verantwortung zu übernehmen
- Förderung von Einfühlungsvermögen
- Tier ist Kummerkasten
- kein Streit mit Tieren

Geeignete Haustiere für Kinder
- perfekt: Hunde und Katzen
  → robust, verletzen sich weniger
- auch geeignet: Ratten
  → intelligent, lernen Kunststücke
- weniger geeignet:
  → Kaninchen und Meerschweinchen (verletzen sich leicht)
  → Hamster (nachtaktiv)

Tiere, die man nicht halten darf
- Wildtiere
- Igel
  → paar Wochen, falls in Not
- …

dass sie auf rechtmäßigem Wege in die Zoohandlung gelangt sind. Ab wann ein

20 Kind sich allein um ein Haustier kümmern, kann hängt sehr von Tier und Kind ab. Aber mit sechs bis acht Jahren kommt eigentlich jeder schon ganz gut mit Tieren wie Katzen oder Fischen klar.

25 Allerdings müssen die Eltern in jedem Alter Hilfestellung leisten. Spätestens, wenn das Tier einmal krank ist oder geimpft werden muss. Der Gang zum Tierarzt ist Elternsache. In einer kleinen Wohnung kann man sich natürlich kein Pferd halten. Viele Haustiere kommen aber mit wenig

30 Platz aus. Fische z. B. bleiben ausschließlich in ihrem Aquarium. Schildkröten, Meerschweinchen und Kaninchen kann man ebenfalls gut in der Wohnung halten. Allerdings sollte man sie regelmäßig aus dem Käfig oder Terrarium holen und durch das Zimmer laufen lassen. Dabei muss man keine Angst haben, dass die Tiere die Wohnung be-

35 schmutzen. Meerschweinchen und Kaninchen kann man erziehen, dass sie so gut wie stubenrein werden. Sie brauchen nur einen Platz, den sie immer als Tier-Toilette nutzen. Bei der Wahl des richtigen Haustieres muss man vor allem darauf achten, dass sich viele Tiere in Gesellschaft wohler fühlen als allein. Meerschweinchen zum Beispiel

40 sind Gruppentiere, genauso Wellensittiche. Sie verkümmern innerlich, wenn sie keine Artgenossen um sich haben. Viele Vorteile hat es, sich ein Haustier aus dem Tierheim zu besorgen. Nicht nur weil man den Tieren ein besseres Leben ermöglicht. Hunde zum Beispiel darf man auf Probe Gassi führen, sodass sich Mensch und Tier schon einmal be-

45 schnuppern können. Außerdem sind Tiere aus dem Tierheim garantiert geimpft und gepflegt.

2. Ordne den vier fehlenden Sinnabschnitten folgende Überschriften zu:

Vorteile von Haustieren aus dem Tierheim ● Platz, den Haustiere brauchen ●
Aufgaben der Eltern ● Viele Tiere brauchen Gesellschaft

3. Vervollständige die Bearbeitung des Textes. Hebe die wichtigsten Informationen mit Markierungen und Unterstreichungen hervor. Notiere dir zum Inhalt der einzelnen Sinnabschnitte Stichworte am Textrand.

4. Beantwortet nun folgende Fragen zu dem Sachtext in ganzen Sätzen:

a) Warum ist es gut, wenn Kinder Haustiere haben?

b) Welche Tiere darf man nicht als Haustiere haben?

c) Welche Tiere kann man in einer Wohnung halten?

d) Worauf muss man bei Tieren achten, die im Käfig gehalten werden?

e) Worauf muss man bei der Wahl eines Haustieres achten? Warum?

f) Welche Vorteile hat ein Haustier aus dem Tierheim?

Unbekannte Nager – wahre und falsche Aussagen erkennen

1. Ordne die Überschriften den einzelnen Abschnitten des Textes zu.

Pakas im Zoo ● Allgemeines ● Aussehen und Lebensraum

Pakas: Die unbekannten Nager

Meerschweinchen, Ratten und Mäuse kennt jeder – aber was sind
Pakas? Mit ein bisschen Fantasie sehen sie aus wie riesige Ratten –
allerdings mit einem Stummelschwanz. Wenn sie aus den großen
dunklen Augen und ein wenig ängstlich aus ihrem Bau heraus-
5 schauen, erinnern sie allerdings an übergroße Meerschweinchen.
Pakas gehören zu den Säugetieren.

Die großen Nager sind ungefähr 60 – 80 cm groß und können bis zu
12 Kilogramm schwer werden. Sie haben einen gedrungenen Körper
und relativ kurze Beine. Ihr Fell ist braun gefleckt und auf jeder
10 Körperseite haben sie vier Reihen weißer Flecken. Sie leben in tro-
pischen Wäldern in Mittel- und Südamerika. Ihr Verbreitungsgebiet
reicht von Mexiko bis ins östliche Paraguay und ins nördliche Argen-
tinien.

Zwei dieser seltenen Exemplare leben im Berliner Tierpark, es sind
15 Mutter und Tochter. Sie sind nach der Wende vom Berliner Zoo hier-
her umgezogen. In Deutschland sind das die beiden einzigen Pakas.
Nur in einem Zoo in der Schweiz gibt es noch weitere Exemplare.

2. Markiere die wichtigsten Informationen und notiere dir dazu Stichworte am Textrand.

3. Decke den Text mit einem Blatt Papier ab und kreuze an, welche der folgenden Aussagen wahr oder falsch sind.

Aussage	wahr	falsch	Zeile
Pakas erinnern an übergroße Mäuse.			
Pakas sind zwölf Kilogramm schwer und haben ein braun-weißes Fell.			
Die Heimat der Pakas sind die tropischen Wälder Südafrikas.			
In Deutschland leben nur zwei Pakas.			
Die beiden Exemplare leben im Berliner Tierpark.			
In einem Zoo in Österreich leben noch weitere Pakas.			

4. Überprüft eure Antworten. Gebt in der Tabelle die Zeile an, in der ihr nachlesen könnt, ob die Aussage falsch oder richtig ist.

5. Gib den einzelnen Abschnitten des folgenden Textes Überschriften. Markiere dann die wichtigsten Informationen im Text und notiere dir Stichworte am Textrand.

Pakas: Gut getarnt durch den Urwald

Fühlen sich die Pakas in die Enge getrieben, lassen sie ein ziemlich

lautes, tiefes Gröllen hören – fast wie ein kleiner Löwe. Dies ist ein

deutliches Warnsignal, das in ihrer Heimat Südamerika dazu dient,

andere Tiere zu verjagen. Möglich wird dieser ungewöhnliche Laut

5 durch einen Jochbogen im Schädel, der den Schall verstärkt.

Nicht immer hilft es den Pakas, dass sie bei Gefahr laut wie ein Löwe

brüllen. Größere Raubtiere wie der Jaguar oder eine Anaconda lassen

sich davon nicht beeindrucken. In diesem Fall hilft nur die Flucht.

Diese gelingt den Pakas meistens, da die 60–80 cm großen und

10 sechs bis zwölf Kilogramm schweren Tiere sehr flink sind.

Pakas sind gute Schwimmer und halten sich gerne in Wassernähe

auf. Statt zu fliehen, können sie auch bis zu einer Stunde wie in

Stein gemeißelt im Wasser verharren, bis der Jäger aufgibt. Zudem

können Feinde sie nur schwer aufspüren. Durch ihre Fellfarbe sind

15 die Pakas kaum vom Urwaldboden zu unterscheiden.

Die Pakas sind – anders als Meerschweinchen oder Mäuse – Einzel-

gänger. Im Berliner Tierpark lebt ein Pakaweibchen mit ihrer Tochter

zusammen. Die beiden kommen gut miteinander aus, solange es

nichts zu futtern gibt. Wenn es die Tochter geschafft hat, eine Nuss

20 zu knacken, kommt die Mutter blitzartig aus ihrer Höhle und

schnappt sich den Leckerbissen. Der verdutzten Tochter bleiben nur

die Salatblätter übrig.

6. Schreibe vier wahre und vier falsche Aussagen zu dem Text in dein Heft. Übernimm dazu
die folgende Tabelle.

Aussage	wahr	falsch	Zeile

7. Tausche mit deinem Tischnachbarn/deiner Tischnachbarin jeweils eure Aussagen aus.
- Kreuze in der Tabelle deines Nachbarn/deiner Nachbarin an, ob eine Aussage falsch oder wahr ist.
- Überprüfe deine Antworten wieder. Gib dazu in der Tabelle die Zeile an, in der du nachlesen kannst, ob die Aussage falsch oder richtig ist.

„Gedankenlandkarten" – eine Mindmap erstellen

Das musst du wissen

- Mithilfe einer Mindmap stellst du Informationen aus Sachtexten übersichtlich dar. Schreibe in die Mitte des Blattes das **Thema des Textes** in einen **Kreis**.
- Zeichne von dem Kreis ausgehend dicke Äste und notiere in Kästen die **Themen der einzelnen Sinnabschnitte**.
- Schreibe die **Informationen** zu den jeweiligen Einzelthemen **an dünne Äste**, die von den Kästen abgehen.

1. Jemand hat schon angefangen, den folgenden Text zu bearbeiten. Setze die Bearbeitung fort.

2. Vervollständigt die Mindmap unter dem Text.

Tipp: Die Oberbegriffe, die in die Kästen eingetragen werden sollen, findet ihr auch im Text. Im ersten Absatz ist der Begriff rot eingerahmt.

Das Eichhörnchen

In kleinen Sprüngen huscht das Eichhörnchen flink über den Erdboden. Mit kurzen Sätzen klettert es scheinbar mühelos am Stamm empor. Geschickt eilt es durch das Geäst, läuft über einen Querast und springt mit einem gewaltigen Satz zum benachbarten Baum hi-
5 nüber. Aus der Krone dieses Baumes läuft das Eichhörnchen kopfüber wieder am Baumstamm herunter. Wie kommt es, dass das Eichhörnchen ein so wendiges und sicheres Klettertier ist? Der Körper ist schlank und leicht. Die langen, kräftigen Hinterbeine dienen als Sprungbeine. Alle Pfoten besitzen lange Krallen. Mit ihnen kann
10 sich das Tier an der Borke festhalten. Die Klettersohlen mit den rauen Haftballen verhindern ein Abrutschen auf glatter Rinde. Mit dem langen, buschigen Schwanz wird gesteuert und balanciert.
Eichhörnchen bauen hoch oben in Ast-
15 gabeln ihr kugeliges Nest. Es besteht aus einem Flechtwerk von Zweigen und besitzt zwei Öffnungen, das Einschlupfloch und das Fluchtloch. Innen ist es warm ausgepolstert. In das Nest zieht

> Klettertier

20 sich das Eichhörnchen immer wieder zurück. Auch die Jungen, die
als Nesthocker zur Welt kommen, werden hier aufgezogen. Das Nest
bietet Schutz vor Habicht, Sperber, Eule und Fuchs. Nur der Baum-
marder, der größte Feind des Eichhörnchens, stellt ihm auch dort
nach.

25 Ihre Nahrung besteht vorwiegend aus Nüssen, Zapfen, Zweigspitzen
und jungen Knospen. Mit ihrem kräftigen Nagetiergebiss können sie
selbst die härtesten Schalen öffnen. Gelegentlich fressen sie aber
auch Vogeleier und Jungvögel.

Im Herbst vergräbt das Eichhörnchen, um während des Überwin-
30 terns Nahrung zu haben, Früchte und Samen an vielen Stellen im
Boden. Im Winter sucht es diese Vorratskammern von Zeit zu Zeit
auf. Es findet sie sogar unter einer Schneedecke.

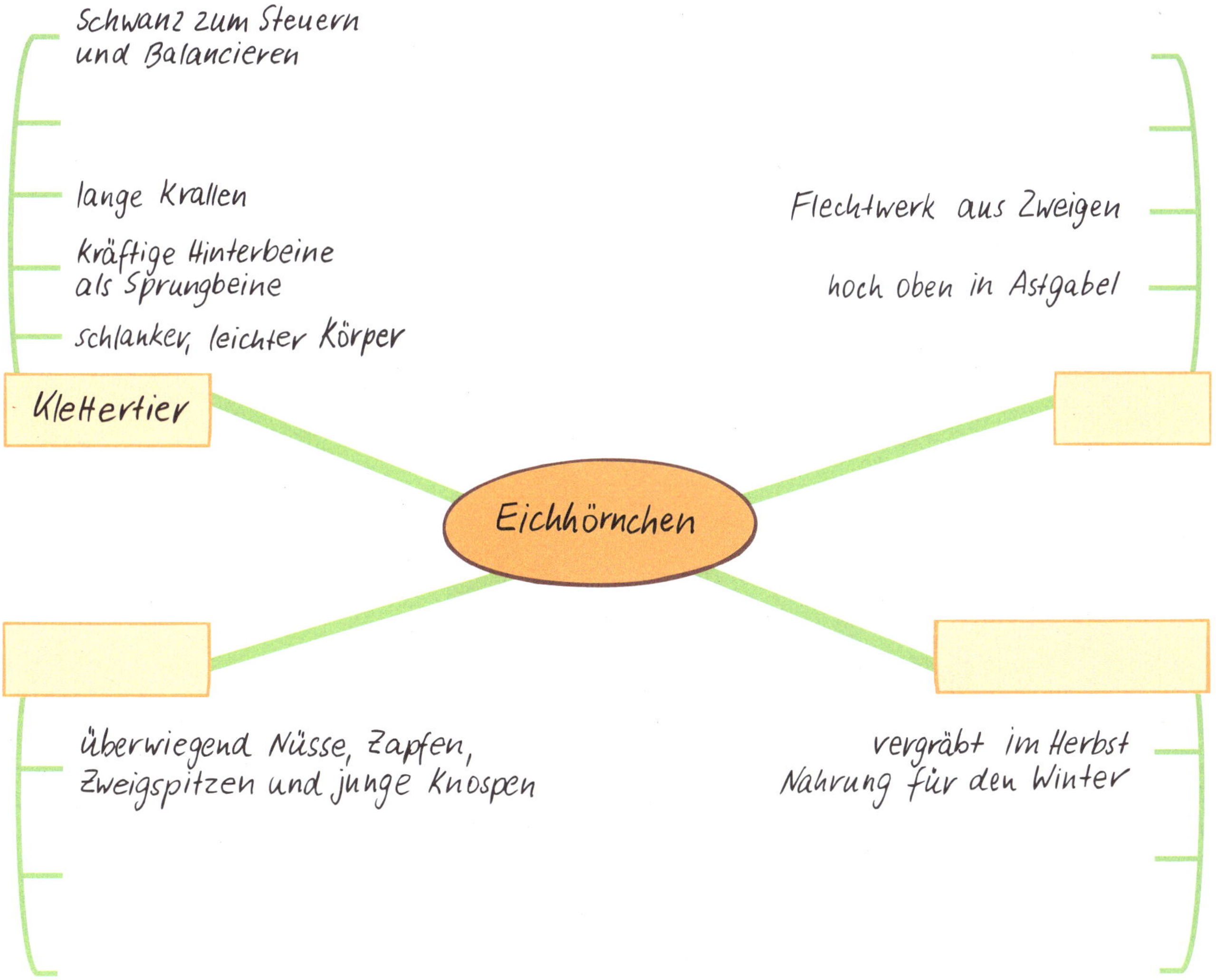

Schwanz zum Steuern
und Balancieren

lange Krallen

kräftige Hinterbeine
als Sprungbeine

schlanker, leichter Körper

Flechtwerk aus Zweigen

hoch oben in Astgabel

Klettertier

Eichhörnchen

überwiegend Nüsse, Zapfen,
Zweigspitzen und junge Knospen

vergräbt im Herbst
Nahrung für den Winter

3. Suche für jeden Abschnitt des folgenden Textes einen Begriff, der den Inhalt zusammenfasst. Für den ersten Abschnitt ist der Begriff schon eingetragen.

Der Hund

Sinne

Wie ist es möglich, dass ein Hund Drogen aufspüren oder einen bestimmten Menschen wiederfinden kann? Seinen Herrn riecht er selbst im dichtesten Menschengewühl. Wir könnten eine bestimmte Person auf diese Weise nicht erkennen. Der Hund besitzt einen viel
5 besseren Geruchssinn als der Mensch. Beim Schnüffeln nimmt er mit der eingesogenen Luft Duftstoffe auf, nach denen er sich orientiert. Diese Witterung führt ihm zum Beispiel bei der Fährtensuche zum Ziel. Der Hund kann auch viel besser hören als wir. Schon von Weitem erkennt er den Schritt seines Herrn, ohne ihn zu sehen. Er
10 reagiert außerdem auf sehr hohe Töne, die wir nicht mehr wahrnehmen können.

Wenn der Hund im Gelände tollt, zeigt er seine „wahre" Natur. Spürt er einen Hasen oder ein anderes Beutetier auf, so hetzt er in weiten Sprüngen hinterher. Man bezeichnet ihn deshalb als Hetzjäger. Wird
15 ein Stück Papier vom Wind aufgewirbelt, so packt der Hund meist sofort zu und schüttelt sich die „Beute" um die Ohren. Dieses „Totschütteln" und auch das Hetzen deuten darauf hin, dass der Hund ein Raubtier ist.

Am Skelettbau erkennst du, warum der Hund leichtfüßig und

20 schnell laufen kann. Er besitzt kräftige Laufbeine und tritt nur mit

den Zehen auf. Er ist ein Zehengänger. Wo der Fuß den Boden be-

rührt, befinden sich polsterartige Ballen. Sie sind mit harter Horn-

haut überzogen und schützen den Fuß vor Verletzungen. Seine Kral-

len sind kurz und stumpf und können nicht eingezogen werden.

25 Hast du schon einmal einen Hund beim Fressen genau beobachtet?

Sein Gebiss ist so beschaffen, dass er damit Fleischbrocken zerteilen

und harte Knochen mühelos „bearbeiten" kann. In diesem Raubtier-

gebiss fallen besonders die langen, dolchartigen Eckzähne oder Fang-

zähne auf. Sie halten das Fleischstück fest. Mit den gezackten, schar-

30 fen Backenzähnen zerreißt und zerkleinert er das Fleisch. Die

stärksten Backenzähne heißen Reißzähne. Sie gleiten mit den üb-

rigen Backenzähnen wie Blätter einer Schere aneinander vorbei.

4. Hebe die wichtigsten Informationen mit Markierungen und Unterstreichungen hervor. Notiere dir auch Stichworte am Rand.

5. Kreuzt jeweils die Aussage an, die richtig ist. Lest eventuell noch einmal im Text nach.

A	Hunde besitzen ein viel besseres Gehör als Menschen.
B	Der Hund kann besser sehen als sein Herrchen.
C	Der Hund kann viel besser riechen als der Mensch.

A	Hunde bezeichnet man als Suchjäger.
B	Der Hund ist ein Laufjäger.
C	Hunde sind Hetzjäger.

A	Hunde besitzen kräftige Laufbeine und laufen auf der ganzen Pfote.
B	Hunde besitzen kräftige Lauffüße und treten nur mit den Zehen auf.
C	Hunde besitzen kräftige Laufbeine und treten nur mit den Zehen auf.

A	Mit den Fangzähnen zerkleinert der Hund das Fleisch.
B	Mit den Backenzähnen zerkleinert der Hund das Fleisch.
C	Mit den Eckzähnen zerkleinert der Hund das Fleisch.

6. Erstelle zu dem Text eine Mindmap in deinem Heft.

Einen Erzählplan entwickeln

Das musst du wissen

- Um die **Ereignisse** eines Geschehens in der **richtigen Reihenfolge** zu erzählen, solltest du vor dem Schreiben einer Erzählung einen **Erzählplan anfertigen**.
- In dem Erzählplan solltest du **stichwortartig** festhalten, **wer** in der Geschichte vorkommt, **wann** und **wo** sie spielt und **was** sich ereignet.

1. In der Bildergeschichte ist die Reihenfolge der Bilder durcheinandergeraten. Stellt die richtige Reihenfolge her, indem ihr die Zahlen 1–6 in die entsprechenden Kreise schreibt.

2. Notiere dir in Stichworten unter den einzelnen Bildern, was geschieht. So erhältst du einen kleinen Erzählplan zu der Geschichte.

© Südverlag

_____

_____

- *Der Vater und der Sohn kaufen einen Goldfisch.*

- *Der Verkäufer gibt ihnen den Goldfisch in einem Glas.*

_____

_____

_____

Auf den Anfang kommt es an – die Einleitung verfassen

Das musst du wissen

- Die **Einleitung** führt den Leser in die Erzählung ein. Er erfährt in der Einleitung, welches die **Ausgangssituation (was?)** ist, **wo** und **wann** die Geschichte spielt und **wer** die Beteiligten sind.
- Du kannst in der Einleitung mithilfe von **Andeutungen** den **Leser** auf das weitere Geschehen **neugierig** machen.

1. Sieh dir das erste Bild der Bildergeschichte auf S. 42 genau an. Mache dir zu folgenden Punkten Notizen und Stichworte in deinem Heft:

- **Wo** soll deine Geschichte spielen?

- **Wann** soll sie spielen?

- **Wer** ist am Geschehen beteiligt?

- **Was** passiert am Anfang der Geschichte?

- **Was** könnten die Figuren sagen?

© Südverlag

2. Alex hat die folgende Einleitung geschrieben. Verbessere sie mithilfe deiner Stichworte und Notizen aus Aufgabe 1. Um den Leser auf das weitere Geschehen neugierig zu machen, kannst du Formulierungen wie in dem Wortspeicher benutzen.

Mein Vater und ich trafen einen fremden Mann. Dieser bot ihm einen kleinen Goldfisch an. Wir kauften den Goldfisch und gingen vergnügt nach Hause.

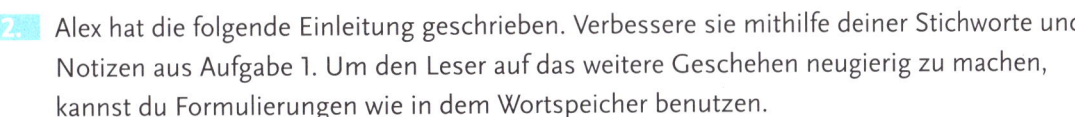

Hätten wir damals gewusst, was dann geschah, dann ... ● Noch ahnten wir nicht, dass ... ● Wenn ich gewusst hätte, was später ... ● Kurz darauf begann dann das große Durcheinander ... ● Was dann geschah, übertraf alle meine Erwartungen ... ● An diesen Tag sollten wir noch lange zurückdenken ...

Tipps für anschauliches und interessantes Erzählen

Das musst du wissen

- Lass die **Figuren reden**. Eine Erzählung wirkt **lebendiger**, wenn du die **Figuren sprechen lässt** und **wörtliche Rede einbaust**.
- Verwende **anschauliche Wörter** (z. B.: zurückweichen, verschlingen, aus allen Nähten platzen).
- Gestalte die **Satzanfänge abwechslungsreich** (z. B.: Zunächst ..., Auf einmal ...).
- Beschreibe die **Gefühle und Gedanken der Figuren**. Du kannst **wörtlich wiedergeben**, was die Figuren denken. Was in den Figuren vorgeht, kannst du auch mit **anschaulichen Umschreibungen** verdeutlichen (z. B.: Ich bekam feuchte Hände, meine Knie zitterten vor Aufregung).

1. Schau dir die Sprechblasen an. Zu welchem Bild der Bildergeschichte auf S. 42 gehört welche Sprechblase? Setze die entsprechende Nummer ein.

2. Was könnten der Vater oder der Sohn auf den einzelnen Bildern noch sagen? Schreibt dies in die leeren Sprechblasen.

„Oh je, der Fisch ist so groß geworden. Er passt nicht mehr in sein Glas!"

A : Bild ◯

„Hoffentlich reicht diese Schubkarre mit frischem Fisch für heute aus!"

B : Bild ◯

„Ist er nicht süß?
Und er ist auch ein bisschen
gewachsen. Das liegt
bestimmt am leckeren
Futter!"

_____

_____

_____

_____

_____

C : Bild ◯

„Hui, mein Fisch
isst den ganzen Eimer auf
einmal. Der ist aber
hungrig!"

_____

_____

_____

_____

_____

D : Bild ◯

3. Sieh dir noch einmal an, was auf den einzelnen Bildern der Bildergeschichte von S. 42 passiert. Verbessere dann die folgenden Sätze in deinem Heft. Die Sätze stammen aus dem Hauptteil einer Erzählung zu der Bildergeschichte.

Tipp: Du kannst dazu auch mehrere Sätze mithilfe der Formulierungen im Wortspeicher bilden.

- Bild 2: Der Goldfisch nahm jetzt viel Platz im Glas ein.

- Bild 3: Der Goldfisch hatte inzwischen ein zu kleines Glas.

- Bild 4: Der Goldfisch war so groß geworden, dass er in die Badewanne musste.

- Bild 5: Der Goldfisch fraß sehr viel Futter, das ich und mein Vater holten.

- Bild 6: Der Goldfisch hatte unser Haus kaputt gemacht.

> zunächst ● auf einmal ● wer hätte gedacht ... ● zu unserer Überraschung ... ● gerade
> als ... ● über Nacht ... ● stöhnend ● platzte aus allen Nähten ● heranschleppten ● ein
> Heim bekam ● zerstörte ● verschlang ● entsetzt bemerkten ● verspeiste ● schwitzten
> ● stöhnten ● ...

4. Was könnten der Vater und der Sohn auf dem letzten Bild denken? Schreibe dies in die Gedankenblasen.

© Südverlag

 5. Finde anschauliche Umschreibungen für
- die Gefühle des Vaters und
- die Gefühle des Sohnes.

Schreibe sie in dein Heft. Du kannst dazu passende Formulierungen aus dem Wortspeicher auswählen. Versuche, auch eigene Formulierungen zu finden.

stand das Herz still ● hätte fast einen Luftsprung gemacht ● das Gesicht lief rot an vor Ärger ● wie gelähmt ● schwarz vor Augen ● schluchzte laut auf ● zog einen Schmollmund ● vor Freude kamen die Tränen ● die Stimme versagte (blieb fast das Herz stehen ● brachte keinen Ton heraus ● die Augen funkelten böse ● stand da, starr wie eine Salzsäule

6. Erzähle nun mithilfe deiner Vorarbeiten in den Aufgaben 1 bis 5 eine Geschichte zu der Bilderfolge auf S. 42. Schreibe dazu zu der Einleitung, die du in Aufgabe 2 auf S. 43 überarbeitet hast, einen Hauptteil und einen Schluss.

Tipp: Vergiss nicht, eine passende Überschrift zu finden, und erzähle im Präteritum.

Der Tisch, das Pferd, … – Nomen/Substantive erkennen

Das musst du wissen

- **Nomen/Substantive** bezeichnen **Gegenstände, Lebewesen, Pflanzen, Gefühle und Vorstellungen**. Auch **Namen** gehören zu den Nomen/Substantiven.
- Nomen/Substantive können **unterschiedliche Begleiter** haben (z. B.: der Vogel, ein schöner Vogel, mein Vogel). Meistens kann man **vor ein Nomen/Substantiv** einen bestimmten (der, die, das) oder unbestimmten **Artikel** (einer, eine, ein) **setzen**.
- Nomen/Substantive werden immer **großgeschrieben**.

1. Kannst du Nomen/Substantive von anderen Wortarten unterscheiden? Suche die Nomen/Substantive aus der Wörtersammlung heraus. Schreibe sie in der richtigen Schreibweise auf und setze den bestimmten Artikel davor.

ZIRKUS   ELEFANT   PFERD   TURNTE   KLATSCHTE   SCHAUKELTE   RANNTE

RIESIG   KUPPEL   TANZT   SPRANG   KLEINE   LIEF   HOCH   SCHAUTE

SCHÖNEN   TRAPEZKÜNSTLERIN   SITZPLATZ   ZUSCHAUER   DIREKTOR

_____

_____

_____

_____

2. Unterstreiche in dem Text „Das Wettertier" alle Nomen/Substantive mit ihren Begleitern.

DAS WETTERTIER

WIE SICH DAS WETTER ENTWICKELN WIRD, ERFAHREN DIE MENSCHEN NORMALERWEISE BEI DER WETTERVORHERSAGE DES FERNSEHENS. IN EINER AMERIKANISCHEN STADT FRAGEN DIE BÜRGER ABER DAS MURMELTIER
5 PHIL, WENN SIE WISSEN WOLLEN, OB BALD DER FRÜHLING KOMMT. FRÜH AN EINEM FEBRUARTAG BESUCHEN SIE DAS PELZTIER. ES WIRD AUS EINEM BAUMSTAMM GEHOLT UND IN DIE SONNE GEHALTEN. SIEHT ES IN DEN EIGENEN SCHATTEN, DAUERT DER WINTER NOCH AN.

Ein- oder Mehrzahl? – Den Numerus erkennen

Das musst du wissen

- Nomen/Substantive haben einen **Numerus** (= Anzahl).
- Sie stehen im **Singular** (= Einzahl) oder im **Plural** (= Mehrzahl).
  Beispiel: das Tier (Singular) – die Tiere (Plural)

1. Unterstreiche im folgenden Text alle Nomen/Substantive und schreibe in die Klammern, ob sie im Singular oder im Plural stehen. Benutze dafür die Abkürzungen **Sg** und **Pl**.

Das Wetterhäuschen (Sg)

Wieder stehen Schüler (Pl) und Schülerinnen (Pl) vor der Tür (Sg)

und beobachten interessiert das Wetterhäuschen (_____) an ihrer

Schule (_____). Wer kommt heute heraus? Ist es die Frau (_____)

im Sommerkleid (_____) oder der Mann (_____) mit dem Regen-

5 schirm (_____)? Ein Haarstrang (_____) im Häuschen (_____)

reagiert sehr empfindlich auf Veränderungen (_____) der Luft-

feuchtigkeit (_____), verdreht sich dabei und verändert seine

Lage (_____). Dadurch wird bei Trockenheit (_____) die Frau (_____)

und bei Feuchtigkeit (_____) der Mann (_____) bewegt. Die

10 Kinder (_____) jubeln, als sich die erhoffte Figur (_____) nach

vorne schiebt. Sicher gibt es jetzt hitzefrei.

2. Schreibe die Nomen/Substantive aus dem Text „Das Wetterhäuschen" mit ihren Artikeln heraus und setze sie in die jeweils andere Numerusform – also entweder in den Singular oder in den Plural. Arbeite dazu in deinem Heft.
Beispiele:

das Wetterhäuschen (Sg) – die Wetterhäuschen (Pl); die Schüler (Pl) – der Schüler (Sg);
die Schülerinnen (Pl) – die Schülerin (Sg); …

3. Nicht von jedem Nomen/Substantiv kann man einen Plural bilden. Streicht die Wörter, von denen man keinen Plural bilden kann, durch.

Sand ● Mädchen ● Zucker ● Buch ● Kind ● Fass ● Bleistift ● Freund ● Salz ● Frau ●
Sandkorn ● Liebe ● Regen ● Schnee ● Essig ● Freundschaft ● Friede ● Pfeffer

Maskulinum, Femininum, Neutrum – das Genus erkennen

Das musst du wissen

- Jedes **Nomen/Substantiv** hat ein **grammatisches Geschlecht**, das **Genus**.
  Das Genus findest du heraus, wenn du den bestimmten Artikel vor das Nomen/Substantiv setzt.
- Man unterscheidet die drei Formen:
  – **Maskulinum** (männlich): **der** Regen
  – **Femininum** (weiblich): **die** Sonne
  – **Neutrum** (sächlich): **das** Wetter

1. Setzt vor das Nomen/Substantiv jeweils den passenden Artikel ein.

_____ Stern	_____ Mond	_____ Gewitter	_____ Nacht
_____ Blume	_____ Baum	_____ Busch	_____ Gras
_____ Tafel	_____ Schwamm	_____ Kreide	_____ Wasser
_____ Auto	_____ Wagen	_____ Leiter	_____ Eisenbahn
_____ Ball	_____ Puppe	_____ Spiel	_____ Kuscheltier

2. Trage die Nomen/Substantive aus Aufgabe 1 oben mit dem Artikel in die folgende Tabelle ein.

Maskulinum	Femininum	Neutrum
_____	_____	_____
_____	_____	_____
_____	_____	_____
_____	_____	_____
_____	_____	_____
_____	_____	_____
_____	_____	_____

Nomen/Substantive haben einen Kasus – Nomen deklinieren

Das musst du wissen

- Ein **Nomen/Substantiv** kann in **vier verschiedenen Kasus** (= Fällen) in einem Satz vorkommen.
- Bildet man zu einem Nomen/Substantiv die vier Fälle, so nennt man diesen Vorgang **Deklination** (Verb: deklinieren).
- Den Kasus eines Nomens/Substantivs erfragt man mit der jeweiligen **Kasusfrage**.

Kasus (grammatischer Fall)	Kasusfrage:
1. Fall: Nominativ	Wer oder was?
2. Fall: Genitiv	Wessen?
3. Fall: Dativ	Wem?
4. Fall: Akkusativ	Wen oder was?

1. Vervollständigt die Tabellen. Stellt vorher die Kasusfrage.

Kasus	Singular	Plural
Nominativ	der Bleistift	die Bleistifte
Genitiv	des Bleistifts	_____
Dativ	_____	_____
Akkusativ	_____	_____

Kasus	Singular	Plural
Nominativ	_____ Tasche	_____
Genitiv	_____	_____
Dativ	_____	den Taschen
Akkusativ	_____	_____

Kasus	Singular	Plural
Nominativ	_____ Heft	_____
Genitiv	_____	der Hefte
Dativ	_____	_____
Akkusativ	das Heft	_____

2. Erstelle ähnliche Tabellen in deinem Heft zu den Wörtern *Löffel*, *Gabel* und *Messer*.

3. Mithilfe der Satzmaschine kannst du unterschiedliche Sätze bilden. Schreibe die Sätze in dein Heft und kennzeichne den entsprechenden Kasus.

Nominativ   Akkusativ

Beispiel: *Der pfiffige Asterix überlistet die starken Männer.*

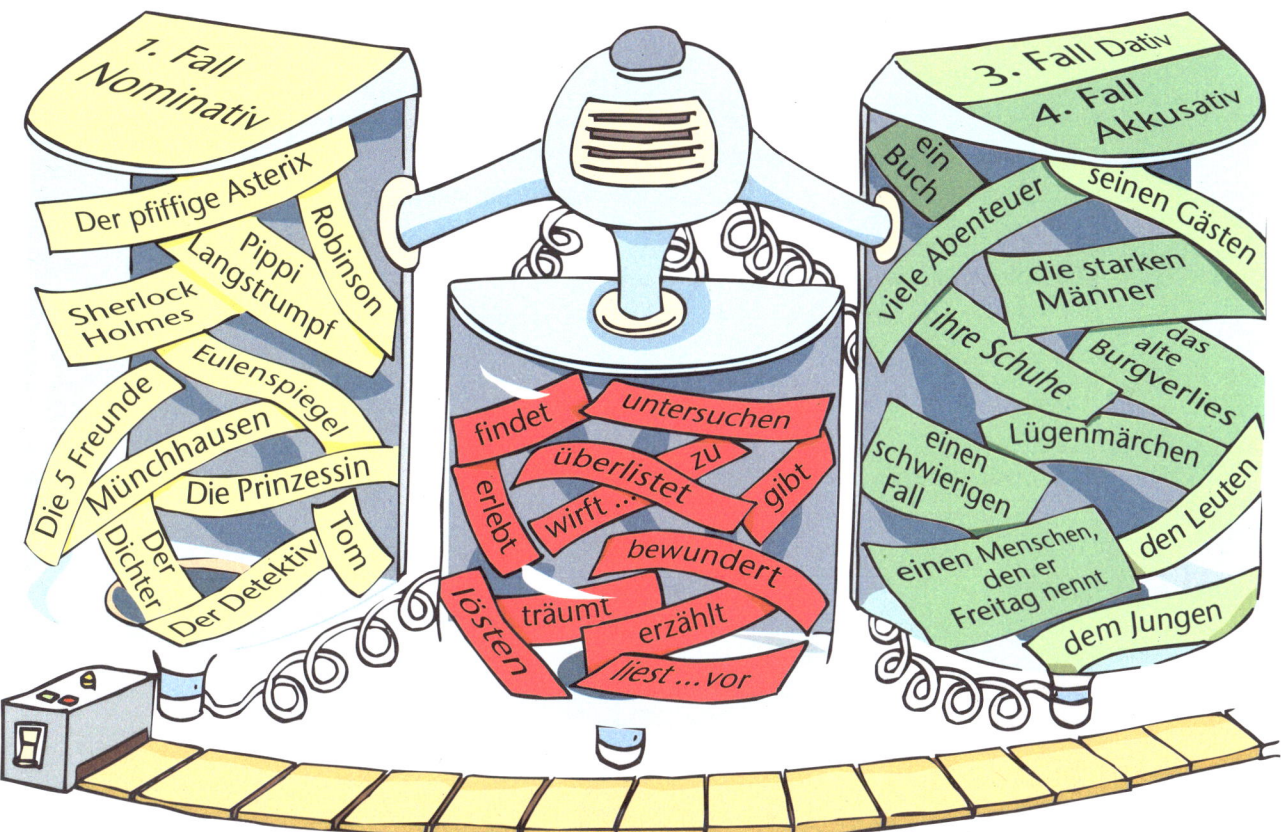

4. Setze in dem Text „Kluge Kühe" die Nomen/Substantive und ihre Begleiter im richtigen Kasus ein. Schreibe jeweils den entsprechenden Kasus hinzu.

Kluge Kühe

(Ein Urlauber) _Ein Urlauber_ [Nominativ] verbringt (sein Urlaub) _____

auf (der Bauernhof) _____. Interessiert sieht er zu, wie abends

(die Kuhherde) _____ von (die Weide) _____

kommt und in (der Stall) _____ geht. „Das ist ja fabelhaft",

₅ begeistert er sich, „dass (die Kühe) _____ immer sofort

(ihr eigener Platz) _____ finden." Da zuckt

(der Bauer) _____ mit (die Achseln) _____

und meint: „Was ist denn daran so fabelhaft? Über (jeder Platz) _____

steht doch (der Name) _____ (die Kuh) _____."

Laufen, ich laufe, du läufst … – Verben konjugieren

Das musst du wissen

- Verben bezeichnen **Tätigkeiten**, **Vorgänge** oder **Zustände** (z. B.: laufen, schneien, liegen). Die deutsche Bezeichnung für die Wortart **Verb** ist Tuwort, Tätigkeitswort oder Zeitwort.
- Zu jedem **Verb** gibt es eine **Grundform**, den **Infinitiv**. Der Infinitiv hat fast immer die **Endung -en** (z. B.: geh-en, steh-en, lauf-en).
- Die anderen Formen des Verbs heißen **Personalformen**. Sie bestehen aus **Wortstamm** und **Endung** (z. B.: ich geh-e, wir geh-en). Die **Veränderung der Personalformen** nennt man **Konjugation** (Verb: konjugieren).
- Je nachdem, ob es um eine Person oder einen Gegenstand geht oder um mehrere, stehen die Personalformen im **Singular** (z. B.: es fährt) oder **Plural** (z. B.: sie fahren).

1. Ergänze die Tabelle. Unterstreiche den Wortstamm und kreise die verschiedenen Endungen ein.

Infinitiv			spielen
1. Person Singular (ich)	ich übe		
2. Person Singular (du)		du gehst	
3. Person Singular (er, sie, es)			er spielt
1. Person Plural (wir)		wir gehen	
2. Person Plural (ihr)			
3. Person Plural (sie)	sie üben		

 2. In dem folgenden Witz fehlen die Personalformen der Verben. Setzt sie ein. Ihre Infinitive stehen in der richtigen Reihenfolge im Wortspeicher.

> betreten • verlangen • kommen • kaufen • verlangen • wundern • fragen • machen • antworten • sein • denken • treffen

Munition

Frau Klein ___betritt___ eine Drogerie und _____ Mottenkugeln. Tags darauf

_____ sie wieder in den Laden und _____ noch

eine Packung. Als sie am darauffolgenden Tag wieder Mottenkugeln _____,

_____ sich der Verkäufer und _____: „Was

5 _____ Sie mit den vielen Mottenkugeln?" Da _____ Frau Klein

kleinlaut: „Es _____ gar nicht so leicht, wie man _____.

Ich _____ einfach die Motten mit den Kugeln nicht."

3. Suche die Verben aus dem Buchstabenrechteck heraus und markiere sie farbig.

M	V	E	R	S	T	E	H	E	N	O	A	U	F	P	A	S	S	E	N
E	L	Ö	E	A	S	D	E	N	O	P	U	M	H	U	R	P	Ö	P	F
L	O	P	C	H	A	S	C	H	O	P	F	M	H	L	U	R	I	N	X
D	E	N	H	O	M	V	R	T	E	N	Z	U	H	Ö	R	E	N	Ä	P
E	B	A	N	T	W	O	R	T	R	N	E	R	E	N	H	C	H	I	E
N	O	M	E	O	U	R	X	Y	R	E	I	L	I	H	E	H	N	T	R
O	N	U	N	O	M	S	O	F	R	A	G	E	N	I	N	E	A	S	I
N	E	S	B	E	H	A	L	T	E	N	E	S	A	U	T	N	O	R	M
E	N	I	M	E	R	G	E	I	R	U	N	D	R	O	T	E	K	R	E
I	N	Z	U	R	Z	E	I	C	H	N	E	N	I	M	M	A	L	E	N
K	W	I	S	S	E	N	U	N	F	U	G	E	N	S	S	E	E	N	T
N	N	E	Q	U	A	T	S	C	N	H	K	O	P	P	I	N	B	E	i

4. Fülle für die Verben *lesen*, *schneiden* und *stehen* die Tabelle aus. Trage die Personalformen der Verben im Präsens ein.

Infinitiv			
1. Person Singular (ich)			
2. Person Singular (du)			
3. Person Singular (er, sie, es)			
1. Person Plural (wir)			
2. Person Plural (ihr)			
3. Person Plural (sie)			

5. Die Personalform des Verbs *sein* wird auf besondere Weise gebildet. Trage die fehlenden Formen in die Tabelle ein.

	Singular	Plural
1. Person	ich _____	wir _____
2. Person	du _____	ihr _____
3. Person	er, sie, es _____	sie _____

Ich sehe, ich sah, ich werde sehen – Die Zeitformen des Verbs

Das musst du wissen

- Mit den **Tempusformen des Verbs** kann man Aussagen zur **Vergangenheit (Präteritum)**, zur **Gegenwart (Präsens)** oder zur **Zukunft (Futur)** machen.

1. Unterstreicht die Verben dieser Sätze und bestimmt ihre Tempusform. Ergänzt dazu die rechte Spalte.

a) Die Schulglocke <u>klingelt</u> zur Pause.	*Präsens*
b) Im März kam ein neuer Schüler in die Klasse.	
c) Die 5a wird an einem Fußballturnier teilnehmen.	
d) Letztes Jahr gewann Lisa den Malwettbewerb.	
e) Die Klasse wird bald einen Ausflug unternehmen.	
f) Der Ordnungsdienst putzt die Tafel.	
g) Nächste Woche werden wir eine Arbeit schreiben.	
h) Marcel kauft ein Brötchen am Schulkiosk.	
i) Johanna vergaß schon wieder ihre Hausaufgaben.	

2. Bestimme in dem Rätseltext die Tempusformen der unterstrichenen Verben. Schreibe jeweils die **Abkürzung** darüber: Präsens = **Präs.** , Präteritum = **Prät.** , Futur = **Fut.**

Von welcher Stadt ist die Rede?

In der gesuchten Stadt <u>herrschte</u> [*Prät.*] eine schreckliche Rattenplage. Die Nager <u>drangen</u> in die Keller und Vorratsräume der Häuser <u>ein</u> und <u>fraßen</u> alles <u>auf</u>. Ein seltsam gekleideter Mann <u>gab</u> sich als Rattenfänger <u>aus</u> und <u>sprach</u> vor dem Rat der Stadt in folgender Weise: „Ich <u>bin</u> ein berühmter Rattenfänger und

5 ich <u>will</u> eure Stadt von dem Ungeziefer <u>befreien</u>. Aber ich <u>verlange</u> dafür eine Belohnung. Ihr <u>werdet sehen</u>, dass ich mein Versprechen <u>einhalten werde</u>." Der Rattenfänger <u>hielt</u> tatsächlich sein Versprechen, der Rat der Stadt <u>verweigerte</u> ihm aber seinen Lohn. Daraufhin <u>nahm</u> der Rattenfänger fürchterliche Rache ...

10 Wie diese Sage <u>weitergeht</u> und in welcher Stadt sie <u>spielt</u>, <u>wisst</u> ihr bestimmt.

Wie etwas ist – Adjektive

Das musst du wissen

- **Adjektive** (Eigenschafts- oder Wie-Wörter) geben an, **wie etwas ist**. Sie kennzeichnen Lebewesen, Dinge oder Vorgänge genauer (z. B.: der *schlaue* Fuchs; er läuft *schnell*).
- In der Regel werden Adjektive **kleingeschrieben**.
- Adjektive **verändern sich zusammen mit dem Nomen/Substantiv**, das sie begleiten (z. B.: das nette Mädchen, dem netten Mädchen).

1. Unterstreiche in dem Text „Freitag, der dreizehnte" alle Adjektive.

Freitag, der dreizehnte

Abergläubische Menschen fürchten sich vor diesem Tag, weil sie glauben, dass sie dann mehr Pech haben als sonst. In Wirklichkeit gibt es an diesen Freitagen keine Häufung von schlimmen Unfällen oder außergewöhnlichen Naturkatastrophen. Es kann aber sein, dass ängstliche Menschen so angespannt sind, dass sie leichter Fehler begehen. Der schlechte Ruf des Freitags
5 hat Gründe im christlichen Glauben: Judas, der Jünger, der Jesus verraten hat, war die 13. Person beim Abendmahl, und es war ein Freitag, an dem Jesus gekreuzigt wurde. Es gibt aber auch christliche Länder, in denen nicht der Freitag, sondern der Dienstag als Unglückstag gilt.

2. Setzt in dem Text „Welpen" die fehlenden Adjektive ein. Sie stehen in ungeordneter Reihenfolge in dem Wortspeicher.

Tipp: Ihr müsst die Adjektive noch verändern, damit sie zu den Nomen/Substantiven, die sie begleiten, passen.

jung • früh • verklebt • unbeholfen • trocken • hilflos • groß • unruhig

Welpen

Die trächtige Hündin ist schon _____. Sie verweigert die Nahrung,

schnüffelt in allen Ecken herum und versucht, ein „Nest" zusammenzukratzen. Bald werden

die _____ Hunde zur Welt kommen. In den _____ Morgen-

stunden wird der erste Welpe „geworfen". Er zappelt noch in der Fruchtblase. Die Hündin
5 reißt die Fruchtblase auf und zerbeißt dann die Nabelschnur. Mit _____

Haaren liegt das Junge nun frei und wird von der Hündin _____ geleckt.

Junge Welpen sind recht _____: Ihre Augen sind geschlossen; der viel zu

_____ Kopf sinkt immer wieder zu Boden; sie können weder stehen noch

gehen, sondern nur _____ kriechen. Ihre Entwicklung ist also
10 noch nicht abgeschlossen. Man bezeichnet sie deshalb als Nesthocker.

Hoch, höher, am höchsten – Adjektive steigern

Das musst du wissen

- In der Regel kann man **Adjektive steigern**. Die Steigerungsformen heißen **Positiv** (= Grundstufe, z. B.: hoch), **Komparativ** (= Vergleichsstufe, z. B.: höher) und **Superlativ** (= Höchststufe, z. B.: am höchsten).
- **Einige Adjektive** kann man **nicht steigern**. Sie bezeichnen etwas, das es nicht mehr oder weniger geben kann (z. B.: dreieckig, voll).

1. Ergänze die Sätze mit den Steigerungsformen der Adjektive *lang, stark, schnell, gut, hoch.*

a) Lenas Haar ist _____, Sonjas Haare sind _____, aber

Kiaras Haare sind _____.

b) Max ist _____, Julian ist _____, Arne ist _____.

c) Johanna läuft sehr _____, Jessica läuft _____, doch

_____ von allen läuft Rena.

d) Philipp kann schon _____ kochen, Maxi kann _____ kochen,

_____ kocht Aljoscha.

e) Der Baum ist _____, das Haus daneben ist _____,

_____ ist jedoch der Stadtturm.

2. Streicht in dem Speicher alle Adjektive durch, die man nicht sinnvoll steigern kann.

klein • tot • rechteckig • rund • schön • sonderbar • freundlich • haltbar • bunt • leer • uralt

3. Schreibe für die anderen Adjektive die Steigerungsformen auf.

klein – kleiner – am kleinsten; _____

_____

_____

_____

_____

Ich, du, mein, sein, … – Pronomen erkennen

Das musst du wissen

- Die deutsche Bezeichnung für **Pronomen** ist **Fürwort**. Man unterscheidet unter anderem **Personalpronomen** und **Possessivpronomen**.
- **Personalpronomen** (= persönliche Fürwörter) stehen für Nomen/Substantive, sie können Nomen/Substantive ersetzen.
  Beispiele: **Der Mann** lacht. – **Er** lacht.
            Das Kind läuft. – **Es** läuft.
- **Possessivpronomen** (= besitzanzeigende Fürwörter) zeigen den Besitz oder die Zugehörigkeit an. Sie stehen fast immer vor dem Nomen/Substantiv, auf das sie sich beziehen.
  Beispiele: **mein** Heft, **deine** Klasse, **unsere** Schule

1. Ersetze in den Sätzen das unterstrichene Nomen/Substantiv jeweils durch ein passendes Personalpronomen.
Beispiel: <u>Anke</u> gibt <u>Paul</u> ein Buch. – <u>Sie</u> gibt <u>ihm</u> ein Buch.

a) <u>Die Klasse</u> besucht <u>den Lehrer</u>.

_____

b) <u>Das Auto</u> ist ins Schleudern geraten.

_____

c) <u>Die Häuser</u> versperren <u>den Besuchern</u> den Blick.

_____

d) <u>Die Katze</u> schleicht sich an <u>einen Jungvogel</u> heran.

_____

e) <u>Die Briefträgerin</u> ist von <u>dem kleinen Hund</u> gebissen worden.

_____

2. Die folgenden Sätze kann man leicht falsch verstehen. Schreibt sie in eure Hefte und verbessert sie so, dass kein Missverständnis entstehen kann.

Tipp: Du darfst auch andere Wörter benutzen als die, die in den Sätzen vorkommen.

- Mein Vater und meine Schwester beobachteten die Seehunde. Sie wurden mit Heringen gefüttert.
- Die Magd füttert die Gans. Sie schnattert vor Vergnügen.
- Mein Vater verfolgte die Fütterung des Adlers. Er frisst gerne Mäuse und Küken.

3. Unterstreiche in dem Text von Erich Kästner alle Personalpronomen.

Erich Kästner (1899–1974)

Münchhausen – Aus dem Vorwort

Und was an den Geschichten ist denn nun so erstaunlich? Sie
stecken voll der tollsten Lügen!

Mitten in Berichten über Reisen, die er wirklich gemacht, und
Kriege, an denen er wirklich teilgenommen hat, tischt Münchhausen uns Lügen auf, dass sich die Balken biegen! Durch Lügen kann man also berühmt werden? Freilich! Aber nur, wenn
man so lustig, so fantastisch, so treuherzig und so verschmitzt
zu lügen versteht wie Münchhausen, nicht etwa, um die Leser
zu beschwindeln, sondern um sie, wie ein zwinkernder Märchenerzähler, mit ihrem vollen Einverständnis lächelnd zu unterhalten.

Dass ihr mir also nicht nach Hause kommt und sagt: „Denk
dir, Mama, ich hab' eben mit einem Auto gesprochen, und das
Auto meinte, es gäbe morgen Regen!" Durch solche Lügen
wird man nicht berühmt. So zu lügen wie Münchhausen ist
eine Kunst.

4. Setze in dem Text „Aufregung in der 5 a" die fehlenden Possessivpronomen ein.

Aufregung in der 5 a

Aufregung in der Klasse 5a. Anne vermisst _____ Füller. „Hat jemand vielleicht

_____ Füller gesehen?", ruft sie laut in die Klasse. „Kannst du nicht besser auf

_____ Sachen aufpassen?", knurrt Markus, _____ Tischnachbar.

„Kannst du nicht mal nachsehen, ob du _____ Füller in _____

Etui gesteckt hast?" Widerwillig kramt Markus in _____ Rucksack und holt

_____ Etui hervor. „Hier, sieh selbst. Da ist nur _____ Füller."

„Ich glaube, ich weiß, wo Anne _____ Füller liegen gelassen hat!", ruft Dennis.

„Wir haben doch in der Pausenhalle den Probenplan für _____ Theaterstück

zusammengestellt. Bestimmt hast du _____ Füller dort liegen gelassen."

Schnell stürzt Anne aus dem Klassenzimmer und kommt kurze Zeit später freudestrahlend

mit _____ Füller in der Hand zurück.

Teste dich selbst! – Wortarten kennen

(zu erreichende
Punkte /
eigene Punkte)

1. Setze die Nomen/Substantive in den jeweils anderen Numerus.

Singular	Plural
der Wald	
	die Sportler
	die Mädchen
die Tafel	
das Auto	
	die Diebe

6 / _____

2. Bestimme die Fälle der fett gedruckten Nomen/Substantive und notiere sie hinter dem Satz.

a) **Der Hund** ist ganz aufgeregt. – _____

b) Er springt **Philipp** an. – _____

c) Er läuft **dem Ball** hinterher. – _____

4 / _____ d) Er erinnert sich **eines Knochens** im Garten. – _____

3. Unterstreiche in den Sätzen die Verben. Bestimme ihre Zeitformen und notiere diese hinter den Sätzen.

a) Julius kam zu spät zum Training. – _____

b) Der Arzt wird morgen Lisas Zahnspange entfernen. – _____

c) Der Schüler schreibt an einem Aufsatz. – _____

d) Dunkle Wolken kündigten den Regen an. – _____

10 / _____ e) Ihr werdet wieder ans Meer fahren. – _____

4. Bilde zu den Infinitiven jeweils die richtige Personalform und trage sie in die Tabelle ein.

Verb	1. Pers. Sg. Präs.	1. Pers. Sg. Prät.
a) tragen		
b) gießen		

Verb	1. Pers. Sg. Präs.	1. Pers. Sg. Prät.
c) sagen		
d) graben		
e) legen		
f) schießen		
g) hoffen		

7 / _____

5. Schreibe die Fachbegriffe für die Steigerungsstufen hinter die deutsche Bezeichnung.

Grundstufe – _____

Vergleichsstufe – _____

Höchststufe – _____

3 / _____

6. Setze das Adjektiv *gut* in allen **Steigerungsstufen** in die Lücken des Satzes ein.

Bonbons findet Paul _____, Schokolade gefällt ihm noch _____,

aber Eis schmeckt ihm _____.

3 / _____

7. Ergänze in der Tabelle die richtigen Personal- und Possessivpronomen.

Personalpronomen	Possessivpronomen
ich	
	dein
er, sie, es	
	unser
ihr	
	ihr

6 / _____

8. Bestimme die Wortarten der Wörter des folgenden Satzes. Nutze diese Ziffern:
Adjektiv = 1, Artikel = 2, Nomen/Substantiv = 3, Personalpronomen = 4, Possessivpronomen = 5, Verb = 6.

Er   gibt   seiner   kleinen   Katze   das   Futter.

___ ___ ___ ___ ___ ___ ___

7 / _____

Mögliche Punkte: 46 / deine erreichten Punkte: _____

Zur Kontrolle und Auswertung lies im Lösungsheft auf S. 18 f. nach.

Umstellprobe und Ersatzprobe – Satzglieder ermitteln

Das musst du wissen

- Ein Satz besteht aus mehreren **Bausteinen**, den **Satzgliedern**. Du kannst mithilfe der Umstellprobe oder der Ersatzprobe herausfinden, welche Wörter ein Satzglied bilden.
- Bei der **Umstellprobe** stellst du den Satz so um, dass ein neuer sinnvoller Satz entsteht. Die Wörter, die beim Umstellen zusammenbleiben, sind ein Satzglied.
  Beispiel: (Der Hund) (begrüßt) (voller Freude) (den Briefträger).
  (Den Briefträger) (begrüßt) (der Hund) (voller Freude).
- Bei der **Ersatzprobe** werden die Satzglieder durch andere Ausdrücke ersetzt. Alle Wörter, die als Ganzes durch andere ausgetauscht werden können, bilden ein Satzglied.
  Beispiel: (Der Hund) (begrüßt)   (voller Freude) (den Briefträger).
  (Er)   (beschnüffelt) (freundlich)   (den Mann).

1. Stelle den folgenden Satz dreimal um und schreibe die neuen Sätze auf. Kreise die Satzglieder in den vier Sätzen ein. Arbeite dabei mit verschiedenen Farben.

Die Klasse 5a feiert heute ein tolles Fest.

_____

_____

_____

_____

_____

2. Stelle die folgenden Sätze um und schreibe die umgestellten Sätze in dein Heft.
Beispiel: Bellend laufen zwei Hunde aus dem Haus.

- (Zwei Hunde) (laufen) (bellend) (aus dem Haus). | 4 |
- Peters Hund läuft am Morgen schnell über die Wiese.
- Schwanzwedelnd begrüßt er den Schäferhund Ben.
- Die beiden Hunde spielen mit einem Ball.
- Zwischen den Bäumen rennen sie wild hin und her.

3. Ermittle nun mithilfe der umgestellten Sätze in deinem Heft die Satzglieder der Sätze.
Kreise sie ein und schreibe die Anzahl der Satzglieder in die Kästchen bei Aufgabe 2.

4. Kreise in den beiden Sätzen die Satzglieder ein.

- Nach dem Spaziergang gibt Peter seinem Hund eine große Portion Hundefutter.

- Der Hund stürzt sich gierig auf das Hundefutter.

5. Führe die Ersatzprobe durch. Ersetze einzelne Satzglieder aus den beiden Sätzen und schreibe die neuen Sätze in dein Heft. Du kannst z. B. folgende Wörter benutzen: er, ihm, später, etwas, das Tier, dem Tier, sofort, schnell, Portion, Futter, …

6. Kreise die Satzglieder der neu entstandenen Sätze in deinem Heft ein.

7. Verbessert die folgende Maus- und Elefantengeschichte, indem ihr mithilfe der Ersatzprobe Wiederholungen vermeidet. Streicht die entsprechenden Ausdrücke durch und schreibt die Ersatzwörter darüber.

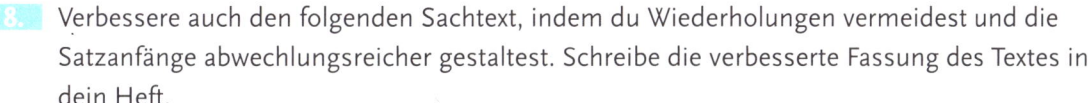

Elefant und Maus gehen zusammen spazieren. Elefant und Maus überqueren eine Holz-

brücke. Das macht einen Riesenkrach. Die Maus schaut den Elefanten an. Die Maus sagt zu

dem Elefanten: „Hörst du, wie laut wir trampeln?" Die Maus geht daraufhin noch stolzer

neben dem Elefanten her.

8. Verbessere auch den folgenden Sachtext, indem du Wiederholungen vermeidest und die Satzanfänge abwechlungsreicher gestaltest. Schreibe die verbesserte Fassung des Textes in dein Heft.

Elefanten

Elefanten können 60 Jahre alt werden. Elefanten werden oft aber nur 40 bis 50 Jahre alt. Elefanten wiegen bei ihrer Geburt zehn Zentner. Elefanten brauchen pro Tag
5 vier Zentner Nahrung. Elefanten brauchen nur vier Stunden Schlaf. Elefanten helfen Kranken oder Verletzten aus ihrer Herde. Elefanten zeigen Trauer beim Tod verwandter Tiere. Elefanten leben heute in
10 riesigen Reservaten. Elefanten werden wegen ihres Elfenbeins von Wilderern verfolgt. Elefanten werden von den Bauern nicht gemocht. Elefanten verwüsten ihre Felder.

Wer oder was? – Das Subjekt

Das musst du wissen

- Das Satzglied, das angibt, wer etwas tut, heißt **Subjekt** (= Satzgegenstand). Mit der **Satzgliedfrage „Wer oder was ...?"** kannst du es erfragen.
- Das Subjekt kann aus einem oder mehreren Wörtern bestehen. Es steht immer im **Nominativ** (= 1. Fall).

1. Klammere die Satzglieder der Sätze ein. Führe die Umstellprobe dazu durch.

a) (Lisa und Klaus) (bauen) (einen Drachen).

b) Sie gehen mit dem Drachen zu einer Wiese und lassen ihn steigen.

c) Dann trägt der Wind den Drachen bis zu den Wolken.

d) Plötzlich reißt die Schnur.

e) Die Kinder machen sich auf die Suche nach dem Drachen.

f) Der Drachen ist leider beschädigt.

g) Traurig fahren die Kinder nach Hause.

2. Formuliere zu jedem der Sätze oben die Frage nach dem Subjekt und schreibe jeweils die Frage und die Antwort in dein Heft. Unterstreiche dann die Subjekte in den Sätzen oben und in den Antworten in deinem Heft farbig.
Beispiel: Wer oder was baut einen Drachen? – Lisa und Klaus bauen einen Drachen.

3. Unterstreiche in der Fabel „Die ziemlich intelligente Fliege" alle Subjekte.

Die ziemlich intelligente Fliege

Eine große Spinne hatte in einem alten Haus ein schönes Netz gewoben, um Fliegen zu fangen. Jedes Mal, wenn eine Fliege sich auf dem Netz niederließ und darin hängen blieb, verzehrte die Spinne sie schleunigst. Die anderen Fliegen sollten nämlich denken, das Netz sei ein sicherer und gemütlicher Platz.

5 Eines Tages schwirrte eine ziemlich intelligente Fliege so lange um das Netz herum, ohne es zu berühren, dass schließlich die Spinne hervorkroch und sagte: „Du kannst ruhig kommen und dich ein bisschen bei mir ausruhen." Aber die Fliege ließ sich nicht übertölpeln. „Ich setze mich nur an Stellen, wo andere Fliegen sind", antwortete sie, „und ich sehe bei dir keine anderen Fliegen."

10 Damit flog sie weiter, bis sie an eine Stelle kam, wo sehr viele Fliegen saßen. Sie wollte sich gerade zu ihnen setzen, als eine Biene ihr zurief: „Du musst weiterfliegen, alle diese Fliegen sitzen rettungslos im Leim fest!"

„Red keinen Unsinn", sagte die Fliege. „Sie tanzen doch." Damit ließ sie sich nieder und ihr Körper klebte im Nu auf dem Leim fest.

Was tut jemand? Was geschieht? – Das Prädikat

Das musst du wissen

- Das **Prädikat** gibt an, was das Subjekt tut oder was mit ihm geschieht. Du kannst es mithilfe der **Satzgliedfragen „Was tut …?"** oder **„Was geschieht …?"** bestimmen.
- Es kann aus **einem** oder **zwei Teilen** bestehen. Die zwei Teile können **im Satz getrennt** voneinander stehen. In diesen Fällen spricht man von einer **Prädikatsklammer**.
  Beispiel: Peter **wacht** am Morgen **auf**.

1. Kreist die Subjekte in den folgenden Sätzen ein und unterstreicht die Prädikate.

Tipp: Denkt daran, dass einige Prädikate aus zwei Teilen bestehen können. Verbindet in diesen Fällen die beiden Teile durch eine Linie.

a) (Klaus und Peter) sitzen in der Schule nebeneinander.

b) Sie treffen sich nachmittags oft mit ihren Freunden zum Fußballspielen.

c) In den Ferien haben sie fast jeden Tag gespielt.

d) Heute treffen sie ihre Freunde wieder auf dem Fußballplatz.

e) Peter macht einen Einwurf zu Klaus.

f) Klaus läuft schnell mit dem Ball am Fuß.

g) Da wird Klaus plötzlich gefoult.

h) Er fällt hin und bekommt einen Freistoß.

i) Klaus schießt den Ball in den Strafraum.

j) Der Ball wird von dem Torhüter gefangen.

k) Die Jungen werden morgen wieder Fußball spielen.

2. Bilde zu den Sätzen die Fragen, auf die die Prädikate antworten. Schreibe die Fragen mit den Antworten in dein Heft.
Kreise wieder die Subjekte ein und unterstreiche die Prädikate.
Beispiel: Was tun Peter und Klaus in der Schule?
 (Peter und Klaus) sitzen in der Schule nebeneinander.

3. Schreibe einen Text über eine Sportart, die dir gefällt. Kennzeichne dann alle Subjekte und Prädikate in deinem Text wie in den Aufgaben 1 und 2.

Wem? Wen oder was? – Das Dativ- und das Akkusativobjekt

Das musst du wissen

- Neben dem Subjekt und dem Prädikat kann ein Satz noch aus einer oder mehreren Ergänzungen bestehen. **Objekte** sind solche **Ergänzungen**.
- Die Objekte unterscheidet man nach dem Fall, in dem sie stehen. Das **Dativobjekt** antwortet auf die **Frage „Wem ...?"**. Das **Akkusativobjekt** antwortet auf die **Frage „Wen oder was ...?"**.

1. Schreibt zu jedem Satz die Satzgliedfragen auf, mit denen ihr die Dativ- und Akkusativobjekte herausfinden könnt.

a) Klaus hat Masern.
Wen oder was hat Klaus?

b) Seine Mutter gibt ihm Medikamente.
Wem gibt seine Mutter Medikamente?
Wen oder was gibt ihm seine Mutter?

c) Lisa besucht ihren kranken Freund Klaus.

_____

d) Sie kauft ihm ein spannendes Buch.

_____

e) Die Mutter begrüßt Lisa.

_____

f) Klaus packt das Geschenk aus.

_____

g) Es gefällt ihm.

_____

2. Benenne die Satzglieder in den Sätzen oben. Verwende dazu folgende Abkürzungen:
S = Subjekt
P = Prädikat
DO = Dativobjekt
AO = Akkusativobjekt

3. Vervollständige die Sätze, indem du die Objekte ergänzt. Schreibe jeweils hinter das Objekt, ob es sich um ein Dativobjekt (= DO) oder ein Akkusativobjekt (= AO) handelt.

Tipp: Bei den meisten Sätzen kannst du sowohl ein Dativobjekt als auch ein Akkusativobjekt ergänzen.

a) Paul leiht *seiner Sitznachbarin (DO) einen Stift (AO)*.

b) Alexander mag *das Eis (AO)*.

c) Pauline kauft _____

d) Anja schenkt _____

e) Michael kennt _____

f) Maximilian isst gerne _____

g) Katharina malt _____

h) Onur schreibt _____

i) Jasmin trägt beim Fahrradfahren immer _____

j) Die Mutter kocht _____

k) Der Knochen gehört _____

4. Unterstreicht in dem Text „Großer Schnauftest" die Dativ- und Akkusativobjekte in jeweils unterschiedlichen Farben.

Großer Schnauftest

Jeder Mensch hat zwei Nasenlöcher. Bei Schnupfen ist das eine schon mal völlig zu, später

vielleicht das andere. Aber ansonsten atmen wir die Luft gleichmäßig durch die beiden Nasen-

löcher ein. Stimmt das wirklich? Dazu kannst du ganz leicht einen Versuch machen.

Halte zuerst das eine Nasenloch zu und atme mit dem anderen, dann machst du das Ganze

⁵ umgekehrt. Atmet ihr mit beiden Nasenlöchern gleich leicht oder gibt es Unterschiede?

Wiederholt den Versuch nach zwei, vier, sechs und acht Stunden. Dabei wird euch vermutlich

Folgendes auffallen: Immer strömt die Luft durch eines der beiden Nasenlöcher leichter. Das

andere Nasenloch setzt durch innere Schwellung dem Luftholen mehr Widerstand entgegen.

Diese Schwellung wechselt aber alle paar Stunden: Dann kann man wieder das andere Nasen-

¹⁰ loch besser benutzen.

Teste dich selbst! – Satzglieder kennen

1. Ergänze die folgende Tabelle.

Satzglied	Satzgliedfrage
	Wer oder was?
Prädikat	
	Wen oder was?

5 / _____

2. Stelle den folgenden Satz dreimal um und kreise dann in allen neuen Sätzen die Satzglieder ein.

• Mareike schenkt ihrer großen Schwester zum Geburtstag ein interessantes Buch.

_____

_____

_____

_____

_____

5 / _____ _____

3. Kreise in dem Zeitungsbericht alle Subjekte ein und unterstreiche die Prädikate. Verbinde die Teile der Prädikatsklammern.

Frau im Tresorraum vergessen

Eine ältere Frau war zwei Tage im Tresorraum einer Bank eingeschlossen.

Am Freitag ging die Frau zu ihrer Bank. Sie wollte dort ihre Rente abholen.

Die 77-Jährige kam dann aber zwei Tage nicht nach Hause.

Daraufhin hatten die Angehörigen eine Vermisstenanzeige aufgegeben.

Am Sonntagabend öffneten die Bankmitarbeiter auf Drängen der Polizei den Tresorraum.

Zu ihrer Überraschung befand sich die Frau im Tresorraum. Sie hatte großen Durst, hat das

18 / _____ Abenteuer aber unverletzt überstanden.

4. Ergänze die Sätze mit den passenden Objekten. Schreibe jeweils hinter das Objekt, um welches Objekt es sich handelt.
Verwende die Abkürzungen DO = Dativobjekt und AO = Akkusativobjekt.

> eine neue CD ● ihrem Banknachbarn ● einen Fotoapparat ● das Geheimnis ● ihrer Freundin ● ihr Lieblingsbuch ● die Fragen ● Paula ● den Schülern

● Tim kauft im Kaufhaus _____.

● Lara schenkt _____ zum Geburtstag _____.

● Anna verrät _____ _____ _____.

● Der Lehrer beantwortet _____ _____.

● Stefanie leiht _____ _____.   9 / ____

5. Ordne die Satzglieder der folgenden vier Sätze in die Tabelle unten ein.

● Der Großvater schenkt seinem Enkel Alexander eine Eintrittskarte.
● Den Zirkuszuschauern wünscht der Direktor viel Vergnügen.
● Der Clown spielt den Kindern einen Streich.
● Die Tiger fauchen den Dompteur an.

15 / ____

Subjekt	Prädikat	Akkusativobjekt	Dativobjekt

Mögliche Punkte: 52 / deine erreichten Punkte: ____
Zur Kontrolle und Auswertung lies im Lösungsheft auf S. 22 nach.

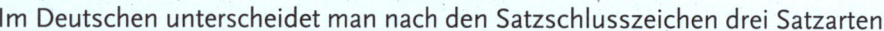

Auf dem Fußballplatz – Satzarten erkennen

Das musst du wissen

Im Deutschen unterscheidet man nach den Satzschlusszeichen drei Satzarten:
- den **Aussagesatz**, der durch einen **Punkt** abgeschlossen wird
  (z. B.: Ihr geht heute schwimmen.),
- den **Aufforderungssatz**, der durch ein **Ausrufezeichen** abgeschlossen wird
  (z. B.: Geht heute schwimmen!),
- den **Fragesatz**, der durch ein **Fragezeichen** abgeschlossen wird
  (z. B.: Geht ihr heute schwimmen?).

1. Setzt in den folgenden Sätzen die entsprechenden Satzzeichen.
Benennt die Satzart (Aussage-, Aufforderungs- oder Fragesatz)
und schreibt sie hinter den Satz.

Auf dem Sportplatz

a) Wann endet die erste Halbzeit?
   (*Fragesatz*)

b) Spiel den Ball doch endlich ab   (_____)

c) Bernd läuft heute wie eine lahme Ente   (_____)

d) Joggst du nach dem Spiel noch eine Runde mit mir durch den Wald

   (_____)

e) Dribbele doch nicht so viel   (_____)

f) Der Schiri hat schon wieder nichts mitbekommen   (_____)

g) Bringt mir bitte eine Bratwurst mit   (_____)

h) Gleich beginnt die zweite Halbzeit   (_____)

i) Hast du den Traumpass gesehen   (_____)

j) Pfeif doch endlich ab, Schiri   (_____)

k) Bist du beim nächsten Spiel auch wieder hier   (_____)

l) Die Mannschaften trennten sich unentschieden   (_____)

m) Können wir nicht mehr gewinnen   (_____)

„Könntet ihr ruhiger sein?" – Die Sprechabsicht erkennen

Das musst du wissen

- Wenn du etwas sagst, willst du etwas Bestimmtes erreichen, z. B. jemanden etwas fragen oder zu etwas auffordern. Du hast eine **Sprechabsicht**.
- **Satzart** und **Sprechabsicht** stimmen aber nicht immer überein. So kannst du z. B. mit einem **Fragesatz** oder mit einem **Aussagesatz** jemanden **indirekt** – sozusagen versteckt – zu etwas **auffordern**.

  Beispiel: **Situation:** Lehrer zu der Klasse: „Könntet ihr ruhiger sein?"

  Satzart: Fragesatz

  Sprechabsicht: Aufforderung: „Seid etwas leiser!"

1. Geht bei den folgenden Sätzen so vor wie in dem Beispiel in der Lernbox:
- Ergänzt in den Sätzen die Satzzeichen und benennt die Satzart.
- Benennt die Sprechabsicht und formuliert den Satz so um, dass die Sprechabsicht direkt ausgedrückt wird.

a) **Situation:**   Zu Hause am Abend: „Dein Bett wartet auf dich   "

Satzart: _____

Sprechabsicht: _____

_____

b) **Situation:**   In der Schule: „Kannst du bitte deine Hausaufgaben herausnehmen   "

Satzart: _____

Sprechabsicht: _____

_____

c) **Situation:**   Zu Hause: „Dein Zimmer ist schon wieder unordentlich   "

Satzart: _____

Sprechabsicht: _____

_____

d) **Situation:**   Zu Hause: „Jemand hat die ganze Schokolade aufgefuttert   "

Satzart: _____

Sprechabsicht: _____

_____

Vorfeld, Mittelfeld, Nachfeld … – die Einteilung von Sätzen in Felder

Das musst du wissen

- Ein Satz kann nicht nur durch einzelne Satzbausteine gegliedert werden, sondern auch durch **Felder**, die sich vor, zwischen oder hinter dem Satzglied, welches aus dem Verb gebildet wird (Prädikat), befinden. Deshalb spricht man auch von **Vorfeld**, **Mittelfeld** und **Nachfeld**.
- Das **Verbglied** verklammert dabei die einzelnen Felder miteinander. Wenn es nur aus einem Teil besteht, spricht man von linker Satzklammer, besteht es aus zwei Teilen, nennt man diese **linke und rechte Satzklammer**.

Vorfeld	Verbglied 1 (linke Satzklammer)	Mittelfeld	Verbglied 2 (rechte Satzklammer)	Nachfeld
Marie	besucht	ihren Opa.		
Der	kann	besonders lustige Geschichten	erzählen.	
Heute	handelt	die Geschichte von einer merkwürdigen Gans.		
Das Mädchen	hört	aufmerksam	zu.	
Die Gans	möchte	ein Schwimmbad	besuchen.	
Der Schwimmmeister	schickt	sie jedoch	fort,	weil sie keine Badehose hat.
Das Mädchen	muss	darüber laut	lachen.	
Wo	gibt	es denn so etwas?		

- Das sogenannte **Nachfeld** wird von **Nebensätzen besetzt**, die von einem Hauptsatz abhängen, hinter diesem stehen und durch Komma abgetrennt werden. Nebensätze erkennt man daran, dass sie nicht allein stehen können und die Personalform des Verbes (z. B. hat) am Ende steht.

1. Zeichne eine Tabelle wie die in dem Kasten oben in dein Heft und trage die folgenden Sätze passend in die Felder ein.

- Lukas' Familie ist vor zwei Jahren nach Kiel gezogen.
- Dort besucht der Junge seit ein paar Wochen eine neue Schule.
- Seine Schwester Ella geht noch in die Grundschule.
- Kiel finden die beiden sehr schön, weil die Stadt direkt an der Ostsee liegt.
- Faszinierend sind die großen Kreuzfahrtschiffe.
- Diese legen regelmäßig im Fährhafen an.
- Im Sommer fahren Lukas und Ella gemeinsam mit ihren Eltern häufig an einen nahegelegenen Strand.
- Leider leben die Großeltern der Kinder in München.
- Vielleicht werden sie ebenfalls nach Kiel ziehen, wenn sie Rentner sind.
- Zur Schule können die Kinder immer mit dem Rad fahren.
- Im Winter werden sie manchmal von ihren Eltern gebraucht.

2. Schreibe fünf Sätze aus Aufgabe 1 neu auf. Tausche dabei das Satzglied aus dem Vorfeld mit einem aus dem Mittelfeld aus.

Mandel oder Mantel? – die Silben eines Wortes deutlich sprechen und genau hinhören

Das musst du wissen

- Oft kann man die **Schreibweise eines Wortes** durch Sprechen und Zuhören erschließen.
- **Sprich** die einzelnen Wörter **besonders deutlich aus** und **höre genau zu**. Zerlege die Wörter dabei in ihre **Silben** (z. B.: Kartoffelkäferplage).

1. Sprich folgende Wörter deutlich aus. Bilde Wortpaare und trage sie in die Tabelle ein.

> die Kämme ● offen ● die Qualle ● der Ofen ● die Söhne ● beten ● die Dämme
> ● sie kamen ● die Qualen ● die Betten ● die Dame ● die Sonne

lang ausgesprochener Vokal	kurz ausgesprochener Vokal
sie kamen	die Kämme

2. Sprich die Wörter deutlich aus und setze den richtigen Buchstaben ein.

d? t?			
	bin	en	
la	en	ra	en
tre	en	be	en
zün	en	fin	en

b? p?			
	hu	en	
trei	en	he	en
tra	en	schrei	en
lo	en	schwe	en

g? k?			
	stär	en	
har	en	le	en
schla	en	mer	en
tra	en	wa	en

3. Präge dir jeweils ein Wort aus dem Speicher ein. Decke den Speicher ab und sprich das Wort Silbe für Silbe deutlich aus. Schreibe es mit den Silbenbögen in dein Heft (z. B.: Wörter).

> Wörter ● Bewegungsspiele ● hundertvierzehn ● Verdienstbescheinigung ● Vermittlungsfähigkeit ● Vereinshaus ● hervorkommen ● vervielfältigen ● knautschig ● Vorlage
> ● Techniken ● richtig

Weg/We-ge – Wörter verlängern

Das musst du wissen

- Bei vielen Wörtern kannst du die richtige Schreibweise herausfinden, indem du das Wort **verlängerst**. Besonders am Wortende kannst du so Fehler vermeiden (z. B.: Fahrra**d** – Fahrrä**d**er, lau**t** – lau**t**er).

1. Setzt den richtigen Buchstaben ein. Ihr hört den richtigen Buchstaben heraus, wenn ihr eine Verlängerung bildet:

- bei Nomen den Plural (Hun**d** – Hun**d**e),
- bei Verben den Infinitiv oder eine andere Verbform (sie fan**d** – fin**d**en, sie fin**d**en)
- bei Adjektiven die Steigerungsform oder eine gebeugte Form mit einem Nomen (lang – länger, eine lan**g**e Fahrt).

d oder **t**?   Beispiel: er stan___ – sie stan**d**en

der Hun___ , das Lie___ , das Ra___ , der Ra___ , run___ , bun___

b oder **p**?   sie er___t, er lie___t, der Rau___ , er stir___t, sie erlau___t, er hu___t

g oder **k**?   lan___ , sie zwin___t, der Krie___ , er sau___t

2. Schreibe zu den Wörtern jeweils eine Verlängerung auf. Ergänze dann die fehlenden Buchstaben am Wortende.

(d/t)   der Wal **d** – *die Wälder*   (g/k)   der Zwer___ – die _____

(d/t)   der Or___ – die _____   (g/k)   die Ban___ – die _____

(d/t)   das Ba___ – die _____   (g/k)   der Sie___ – die _____

3. Finde die richtige Schreibung, indem du das Wort verlängerst, um die richtige Schreibweise herauszuhören.

d oder **t**?   Freun___ , Her___ , Hu___ , Lan___ , brei___ , Pfer___ , er fan___ ,

Ran___ , der Landwir___

b oder **p**?   sie schie___t, der Betrie___ , der Die___ , gro___ , tau___ , der Kor___ ,

sie schrei___t

g oder **k**?   der Erfol___ , kran___ , der Hängeschran___ , er pfle___t, der Gesan___ ,

sie sa___te, er len___t, billi___ , kräfti___ , der Han___

träumen/der Traum – die Schreibweise ableiten

Das musst du wissen

- Oft kannst du die Schreibweise eines Wortes auch dadurch erklären, dass du **verwandte Wörter suchst** (z. B.: en**d**lich – En**d**e, tr**äu**men – Tr**au**m).

1. Sucht zu den Wörtern im Speicher verwandte Wörter und schreibt sie in eure Hefte. Kreist die entsprechenden Laute bei den verwandten Wörtern ein.

Beispiel: Mäuse   *M**au**s, m**au**sen, M**au**sfamilie*

> Mäuse ● wärmen ● Gebäude ● gläubig ● Häuptling ● gefährlich

2. Leitet die Schreibung der folgenden Wörter mit **ä** und **äu** ab, indem ihr jeweils ein verwandtes Wort oder eine andere Wortform mit **a** und **au** sucht.

Beispiel: *erkl**?**ren* (**e** oder **ä**?) – kl**a**r

> erklären ● Fähre ● hätte ● Späße ● gefährlich ● kälter ● Hähne ● mäßig ● kräftig
> ● städtisch ● geräumig ● Wiederkäuer ● Verkäuferin ● Träumen ● läuten ● Säure ●
> gläubig ● häufig

_____

_____

_____

3. Ergänze in dem Text „Venus – eine Göttin mit zwei Sternen" die fehlenden Buchstaben. Verlängere jeweils das Wort oder suche nach verwandten Wörtern.

Venus – eine Göttin mit zwei Sternen

Bekann   lich umkreisen die Planeten die Sonne auf festen Bahnen. Von

innen nach außen gez   hlt „l   ft" die Venus auf Bahn zwei, die Erde

auf Bahn drei. Da die Venus der Erde n   her ist und sie sich schneller um

die Sonne beweg   als die Erde, sehen wir sie manchmal östli   ,

5 manchmal westli   von unserem Zentralgestirn. Wenn die Venus östli

von der Sonne steht, leuchte   sie nach Sonnenuntergan   als einer der

ersten Himmelskörper auf. Wir nennen sie dann Aben   stern. Steht sie

hingegen westl   von der Sonne, so sieht man sie kurz vor Sonnenaufgan

. Jetzt heißt sie Morgenstern. Aben   stern und Morgenstern sind also

10 zwei Bezeichnungen für denselben Planeten.

Venus und Mond am Abendhimmel

M # Hai, Kaiser … – sich schwierige Wörter einprägen

Das musst du wissen
- **Nicht** bei allen Wörtern kann man die richtige **Schreibweise erklären**. Die Schreibweise **dieser Wörter** musst du **lernen** und dir merken.
- Um dir die **Schreibweise einzuprägen**, musst du **genau hinsehen**. Weiter solltest du sie **sorgfältig schreiben, mehrfach abschreiben** oder ihre **Wortumrisse zeichnen**.

M **1.** Sieh dir die folgenden Wörter genau an. Schreibe jeweils daneben, welches weitere Wort sie enthalten. Achte dabei auf die richtige Groß- und Kleinschreibung der Wörter.
Beispiel: Traum – Raum

- Wort: _____
- er glaubt: _____
- welche: _____
- gerade: _____
- schwierig: _____
- erstaunlich: _____

M **2.** Nicht alle Wörter mit **ä** und **äu** kannst du ableiten, um ihre Schreibweise herauszufinden. Schreibe alle Wörter mit **ä** und **äu** aus dem Wortquadrat heraus. Es sind Merkwörter. Du musst sie dir gut einprägen.

S	B	V	S	C	H	R	Ä	G	M	N
Ä	C	A	Y	S	Z	B	E	K	L	B
G	D	B	X	Ä	C	D	G	D	O	Ä
E	E	W	T	U	S	R	Q	C	R	R
N	F	Ä	V	L	C	D	E	F	G	H
G	H	R	W	E	B	A	Z	X	Y	Ä
K	L	T	K	N	Ä	U	E	L	X	H
M	N	S	Q	R	S	T	U	V	W	R
V	O	R	W	Ä	R	T	S	K	L	E
O	R	Ü	C	K	W	Ä	R	T	S	P
G	E	L	Ä	N	D	E	R	M	N	O

waagerecht (fünf Wörter):

_____

_____

_____

_____

_____

senkrecht (fünf Wörter):

_____

_____

_____

_____

_____

3. Merkwörter sind auch die folgenden Wörter mit ai. Zeichne ihre Umrisse in dein Heft. Schreibe sie dreimal auf und notiere stichwortartig eine Erklärung daneben.

M Beispiel: Hai: ▢▢ Hai, Hai, Hai (= Raubfisch)

Hai • Kaiser • Mais • Saite • Mai • Waise • Brotlaib • Mailand

Nachschlagen hilft immer! – Mit dem Wörterbuch arbeiten

Das musst du wissen

- Wenn du **unsicher** bist, wie ein **Wort richtig geschrieben wird**, schlage die richtige Schreibweise in einem **Wörterbuch** nach.
- In einem Rechtschreibwörterbuch findest du nicht nur die **richtige Schreibweise** eines Wortes. Du erfährst auch, wie man das **Wort trennt**, welches **grammatische Geschlecht** das Wort hat und wie der **Genitiv** und der **Plural** gebildet werden.
- Bei **Fremdwörtern** findest du auch die **deutsche Bedeutung**.
- Um in einem Wörterbuch nachschlagen zu können, musst du besonders gut das **Alphabet beherrschen**.

1. Welche Buchstaben fehlen in dem Alphabet? Schreibe sie darunter.

A B D E F G I J K L M N P Q R S T U W X Y Z

Es fehlen: ☐ , ☐ , ☐ , ☐ .

2. Ergänze den Buchstaben, der im Alphabet jeweils zwischen den beiden Buchstaben steht.

B ☐ D   E ☐ G   J ☐ L   O ☐ Q   T ☐ V   K ☐ M   S ☐ U

3. Ergänze die beiden Buchstaben, die hinter dem jeweiligen Buchstaben im Alphabet stehen.

D ☐ ☐   G ☐ ☐   L ☐ ☐   O ☐ ☐   U ☐ ☐   E ☐ ☐

4. Ordne die Wörter in den Zeilen in alphabetischer Reihenfolge.

- Westen, Süden, Norden, Osten

_____

- Winter, Frühling, Sommer, Herbst

_____

- Geschichte, Deutsch, Sport, Englisch

_____

- Hund, Ente, Zebra, Hase

_____

5. Bringt die Wörter in jeder Zeile in ihre alphabetische Reihenfolge. Die Buchstaben, auf die ihr achten müsst, sind fett gedruckt.

Tipp: Fangen mehrere Wörter mit dem gleichen Buchstaben an, müsst ihr sie nach dem zweiten, dritten, vierten usw. Buchstaben anordnen. Beispiel: Post, Posten, Poster, Postkarte.

- **Ta**statur, **Tu**be, **To**n, **Ti**efsee

  _____

- **Weih**nachten, **Wes**tfalen, **Wel**t, **Wer**k

  _____

- **Spa**nnung, **Spo**rt, **Spaß**, **Spi**el

  _____

6. Ordne die Wörter in jeder Zeile alphabetisch. Nummeriere sie dazu entsprechend.

◯ Zeuge	◯ Zucker	① Zeder	◯ Ziege	◯ zwölf
◯ Tundra	◯ Tulpe	◯ Turm	◯ Tusche	◯ Tube
◯ Robe	◯ robust	◯ robben	◯ Robbe	◯ Robert

7. Schreibt hinter die Wörter jeweils die Form, nach der ihr im Wörterbuch suchen müsst. Beispiele: Häuser – Haus; er hupt – hupen; höher – hoch

Tipp: Im Wörterbuch sind immer nur bestimmte Formen der Wörter angeführt. Bei Verben der Infinitiv, bei Nomen/Substantiven der Singular, bei Adjektiven die Grundstufe.

- sie verreist: _____
- er liest: _____
- Gärten: _____
- kälter: _____
- Läuse: _____
- am größten: _____
- ihr gießt: _____
- sie schwimmt: _____

8. Welche Schreibweise ist die richtige? Schau im Wörterbuch nach und streiche die falsche durch.

- Theater – Teather
- meißtens – meistens
- vorraus – voraus
- Geige – Gaige
- Jagd – Jagt
- herab steigen – herabsteigen
- Farstunde – Fahrstunde
- niesen – nießen
- Margarine – Margariene
- Gehaimnis – Geheimnis
- Physik – Physick

Das schreibt man groß – Rechtschreibregeln anwenden

 **R**

Das musst du wissen

- **Nomen/Substantive** werden **großgeschrieben**. Alle **anderen Wortarten** werden im Satz **kleingeschrieben**.
- Am **Satzanfang** werden **alle Wörter** unabhängig von der Wortart **großgeschrieben**.
- Wörter, die auf **-ung**, **-heit**, **-keit**, **-nis**, **-tum** und **-schaft enden**, sind **Nomen/Substantive** und werden immer **großgeschrieben**.

1. Unterstreicht alle Nomen/Substantive und Satzanfänge in dem Text „Wer ist der Urahne des Hundes?" mit verschiedenen Farben.

Wer ist der Urahne des Hundes?

BEI KEINEM HAUSTIER FINDEN SICH SO GROSSE UNTERSCHIEDE WIE BEIM HUND. AUF INTERNATIONALEN AUSSTELLUNGEN WIRD UNS DIE VIELFALT BESONDERS BEWUSST. SO KÖNNTE MAN AUCH HEUTE NOCH LEICHT AUF DEN GEDANKEN KOMMEN, DASS DIE HUNDE MEHRERE STAMMVÄTER HABEN. FRÜHER WURDEN BEI-
5 SPIELSWEISE SCHAKALE WEGEN EINIGER KÖRPERLICHER MERKMALE UND IHRES SANDFARBENEN FELLS ALS VORFAHREN DER ORIENTALISCHEN WINDHUNDE BETRACHTET. DIE HERKUNFT EINIGER ANDERER HUNDERASSEN FÜHRTE MAN AUF FUCHS, KOJOTE UND HYÄNE ZURÜCK, ERST IN UNSERER ZEIT KAMEN ZOOLOGEN ZU DER ERKENNTNIS, DASS ES NUR EINEN EINZIGEN URAHNEN DES HUNDES GIBT:
10 DEN WOLF.

2. Schreibe den Text in der richtigen Schreibweise in dein Heft.

R

3. Bildet aus den Wörtern im Speicher Nomen/Substantive, die auf -ung, -heit, -keit, -nis, -tum und -schaft enden. Tragt die Nomen/Substantive in die entsprechende Tabelle ein.

> heiter ● herrschen ● hindern ● umleiten ● frech ● wachsen ● gefangen ● tapfer ● umgeben ● zeichnen ● brauchen ● Freund ● erleben ● reich ● einsam ● gesund

-ung	-heit	-keit

-nis	-tum	-schaft

„Das" oder „dass"? – Die Ersatzprobe anwenden

Ep

Das musst du wissen

- Mit der Ersatzprobe kannst du die Wörter *das* und *dass* **unterscheiden**. Du setzt für die Wörter *das* oder *dass* die Ersatzwörter *dieses*, *jenes* oder *welches* ein.
- Wenn du *dieses*, *jenes* und *welches* **einsetzen** kannst, wird das Wort *das* **mit einfachem s geschrieben**.
- Kann man die **Ersatzwörter nicht einsetzen**, schreibt man das Wort mit **ss** (= **dass**).

Ep

1. Wendet die Ersatzprobe wie in dem Beispiel an und schreibt sie hinter die Sätze.

- Das Fahrrad gehört mir. – *Dieses Fahrrad gehört mir.*

- Wasser, das zu lange kocht, verdunstet. – _____

_____

- Ich esse das nicht gern. – _____

_____

- Wegen des schlechten Wetters fällt das Spiel aus. – _____

_____

_____

- Ein Auto, das kein Benzin hat, fährt nicht. – _____

_____

Ep

2. Wenn du *dieses*, *jenes* oder *welches* nicht einsetzen kannst, musst du *dass* schreiben. Das Wort *dass* leitet einen Nebensatz ein. Vervollständige die folgenden Satzanfänge.
Beispiel: Ich hätte nicht geglaubt, **dass** unsere Mannschaft dieses Spiel gewinnt.

- Erinnere dich daran, _____

_____

- Mir fällt gerade ein, _____

_____

- Katharina achtet darauf, _____

_____

3. Tragt in den folgenden Sätzen *das* oder *dass* ein. Führt dazu jeweils die Ersatzprobe durch.

Ep

a) Das Haus, _____ am See lag, sah einladend aus.

b) Ich bemerkte ein Boot, _____ am Ufer vertäut war.

c) Der Mann sagte, _____ ich das Boot benutzen dürfe.

d) Sie lachte so laut, _____ alle sie hörten.

e) Er hofft, _____ sie Glück haben werden.

f) Wir waren so müde, _____ wir nur noch schlafen wollten.

g) _____ sie gestern noch anrief, hätte ich nicht erwartet.

h) Das ist ein Geschenk, _____ ich für dich gekauft habe.

i) Sie bedauerte, _____ sich das Tier verletzt hatte.

j) Am liebsten mochte sie das Eis, _____ es beim Italiener um die Ecke gab.

k) _____ sie sich wieder vertragen würden, damit hatte er nicht gerechnet.

4. Setze die fehlenden Buchstaben in den Text „Wie gut hören Hunde?" ein. Wende bei den Wörtern *das* und *dass* die Ersatzprobe an.

Ep

Wie gut hören Hunde?

Wir wundern uns manchmal darüber, da_____ der in seinem Körbchen schlummernde _____ier-
beiner plötzlich die Ohren _____pitzt und seinen Kopf zur _____ohnungstür richtet, noch bevor
die _____lingel ertönt oder jemand hereinkommt. Da_____ ist jedoch gar nicht verwunderlich.
Der Hund hat nämlich schon einige Zeit vor uns _____as Geräusch wahrgenommen.

5 Versuche ergaben, da_____ sie unter dreißig verschiedenen _____challquellen diejenige _____ühe-
los herausfanden, auf die sie abgerichtet waren.
Hunde lernen bald, für sie _____ichtige oder _____nteressante Geräusche von nebensächlichen
zu unterscheiden. Für sie ist da_____ kein Problem. _____aute Musik aus dem Radio oder anderen Lärm empfinden sie zwar als störend, aber sie _____eagieren kaum darauf.

10 Ein Mensch mit gutem Gehör _____ernimmt da_____ Ticken einer Armbanduhr manchmal
noch in einer _____ntfernung von drei Metern, der Hund jedoch bis zu 25 Metern.
Im Vergleich zu _____eruch und _____ehör ist da_____ Sehvermögen eines Hundes weniger
_____ut entwickelt.

Gemeinsam üben – Partnerdiktate schreiben

Das musst du wissen

- **Lest gemeinsam** den Diktattext. Versucht, euch die **Schreibweise schwieriger Wörter** mithilfe von Tipps und Regeln zur Rechtschreibung **zu erklären** und sie euch **einzuprägen**, z. B. indem ihr sie mehrmals aufschreibt oder ihre Wortumrisse zeichnet.
- Derjenige, der diktiert, liest die **einzelnen Sätze zuerst ganz vor** und **diktiert sie** dann seinem Partner **in kurzen Abschnitten**. Diktiert die Satzzeichen mit.
- Am Schluss **kontrolliert zuerst der Schreibende seinen Text**. Dann **vergleicht ihr den Text zusammen mit der Vorlage**. Besprecht aufgetretene Fehler.
- Ihr könnt die Rolle des Schreibenden und Diktierenden auch nach einzelnen Abschnitten oder Sätzen tauschen.

Tipp: Über den Diktaten stehen die **Rechtschreibbereiche**, die ihr mit den Diktaten üben könnt. Wenn ihr in einem Bereich **besondere Probleme** habt, wiederholt dazu die Übungen in diesem Arbeitsheft und im Schülerbuch.

s-Laute

Meerschweinchen fühlen sich / in einer großen Kiste / besonders wohl. / Sie sollte mit Sägespänen, / Heu oder Katzenstreu / ausgepolstert sein. / Außerdem benötigen sie / ein kleines Häuschen, / in dem
5 sie schlafen können / und Unterschlupf finden.

Meerschweinchen sind Pflanzenfresser. / Sie fressen Obst und Gemüse, / also Äpfel und Möhren, / Salat, Wiesenkräuter / und Getreide. / Zum Trinken genügt frisches Wasser. / Nasses Futter schadet ihnen.

10 Meerschweinchen quieken, / wenn sie jemanden / begrüßen wollen / oder wenn sie Hunger haben. / Das heißt dann: / Habt ihr etwa / mein Futter vergessen?

Meerschweinchen sind / keine zu klein geratenen Schweine, / wie ihr Name vermuten lässt. / Sie gehören / zur großen Gruppe der Nagetiere / wie das Kaninchen, / die Maus oder der Hamster. / Ihren Namen erhielten sie / von Seefahrern, / die die Tiere / nach der Entdeckung
15 Amerikas / „über das Meer" / mit nach Europa brachten.

das oder *dass*

Ob Katzen etwas mögen oder nicht, / das zeigen sie / ganz genau. / Werden sie zärtlich gestreichelt, / dann schnurren sie. / Das bedeutet: / Ich fühle mich wohl. / Stupsen sie ihre Menschen / mit dem Kopf an, / wollen sie spielen. / Legen sie sich gar / auf den Rücken, / dann heißt das: / Ich vertraue dir.

5 Es ist allgemein bekannt, / dass Katzen / zwar in der Wohnung leben können, / aber viel lieber / draußen umherstreifen. / Das musst du bedenken, / wenn du dir eine Katze / ins Haus holen möchtest. / Wenn du keinen Garten / zur Verfügung hast, / solltest du dir / ein geeignetes Halsband besorgen, / das es in jeder Zoohandlung gibt.

Kurze Vokale

Jeder Hund braucht / seinen festen Platz im Haus / oder in der Wohnung. / Am besten ist / ein flacher Korb mit Decke / oder einem waschbaren Kissen. / Er soll / an einer ruhigen Stelle stehen, / aber so, / dass der Hund / alles im Blick hat.

Besonders junge Hunde / kauen gern, / um ihre Zähne / aus-
5 zuprobieren. / Hunde lieben weiche Bälle, / Gummitiere, / ein Stück Holz / oder Pantoffeln. / Steine und Metall / schaden
ihren Zähnen.

Wenn ein Hund / ins Haus kommt, / braucht er ein Hals-
10 band / und eine Leine. / Außerdem benötigt er / einen Kamm und eine Bürste / für die Fellpflege. / Sein Futter muss / gesund und abwechslungsreich sein.

An der Körperhaltung / kann man / die Stimmung des Hundes erkennen. / Ein Hund mit eingekniffenem Schwanz
15 / hat Angst. / Wenn der Schwanz / herunterhängt, / ist der Hund traurig.

Wellensittiche sind / kleine Papageien, / die in der Natur / in großen Schwärmen / zusammenleben. / Sie sind sehr gesellig / und langweilen sich schnell / oder werden sogar
20 krank, / wenn man sich zu wenig / mit ihnen beschäftigt. / Darum sollten / immer mindestens zwei Tiere / gleichzeitig angeschafft werden.

Lange Vokale

Hunde sind / die treuesten Begleiter des Menschen. / Sie sind sehr anhänglich, / gehorsam / und lernen eine Menge. / Hunde haben / sehr gute Ohren und Spürnasen. / Darum werden viele von ihnen / als Wachhunde gehalten.

Wölfe sind Raubtiere, / die in Rudeln / leben und jagen. / Anführer eines Rudels sind / der
5 Leitwolf und seine Gefährtin. / Auch Hunde brauchen ein Rudel. / Das ist die Familie, / in der sie leben.

Hunde sehen / sehr unterschiedlich aus. / Sie sind klein oder groß, / haben spitze oder runde Schnauzen, / kurzes oder langes Fell / in vielen Farben. / Die meisten Hunde / werden heute / als Familienhunde / oder Begleiter des Menschen gehalten. / Darunter gibt es viele, / die
10 besonders kinderlieb sind.

Zwergkaninchen sind / stille Tiere. / Nur in großer Not / schreien sie. / Aber ihre Körpersprache zeigt, / was sie mögen. / Wenn sie sich anschmiegen / oder mit der Nase stupsen, / dann wollen sie spielen / oder gestreichelt werden. / Legen sie sich flach auf den Boden, / haben sie Angst.

Aal, Diagnose, parallel – mit einer Wörterliste üben

M

Das musst du wissen

Mithilfe der **Wörterliste** kannst du dir die **Schreibweise schwieriger Wörter einprägen.**

So kannst du mit der Wörterliste üben:

- **Merke dir** die Schreibweise eines **Wortes** und **schreibe es mehrfach auf.** Kontrolliere immer wieder seine Schreibweise.
- Suche zu einem Wort **verwandte Wörter** (z. B.: Säge – sägen) und schreibe sie auf.
- Notiere dir das Wort in **anderen Formen.** Zerlege es z. B. in Silben (z. B.: Bäu-me), bilde den Plural bei den Nomen (z. B.: Aal – Aale), die Personalformen zu den Verben (z. B.: ändern – ich ändere) oder die Steigerungsformen bei den Adjektiven (z. B.: alt – älter – am ältesten).
- Schaue dir eine **Reihe von Wörtern** genau an. Präge sie dir ein und **schreibe sie auswendig auf.** Kontrolliere dann sofort die Schreibweise und korrigiere eventuelle Fehler. Beginne am Anfang mit drei Wörtern und versuche dann, die Anzahl zu steigern.
- Suche dir **mit einem Partner zehn Wörter aus.** Lest sie genau und prägt euch ihre Schreibweise ein. **Diktiert euch** dann abwechselnd **die Wörter.** Überprüft zusammen, ob ihr sie richtig geschrieben habt, und korrigiert eure Fehler.
- Wähle **fünf Wörter** aus und präge sie dir ein. Schreibe dann **fünf Sätze, in denen die Wörter vorkommen.** Unterstreiche das jeweilige Merkwort in den Sätzen und überprüfe seine Schreibweise.

Aal	ein bisschen	fertig	Igel
ab	Boot	(er) fiel	Interesse
Abend	Bus	fliehen (er flieht)	interessieren
abends		Fuchs	irgendetwas
Ahnung	Chor/Chöre		
Album/Alben		Gag	Kaffee
älter	Diagnose	Gans	Kamera
ändern	Diktat	ganz	Känguru
Angst	diktieren	gar keine	kaputt
Apfelsine	Dose	gar nicht	Kino
ärgerlich		Gardine	Klee
Atlas/Atlasse *oder*	Empfang	Geheule	Klima
Atlanten	Erbse	Gewächs	Knirps
auf einmal	erwidern	Gips	knusprig
außerordentlich	es		Komma/Kommas
	etwas	(zu) Hause	Kuh/Kühe
bald		heftig	
Beere	Fähre	herauskommen	länglich
behände	Fahrrad	Herbst	(ich) las
Benzin	färben	Honig	lass (das!)
bereits	fast	hübsch	Laubwald
bis	Februar	husten	Lebensweise
bislang	fern		Leitplanke

Lied	(ein) paar (Tage)	Smog	verzeihen
Los	Papst	sodass	Vieh
	parallel	sonst	viel
Mädchen	Pelz	Sprudel	vielleicht
Magd	Pfad	Staat	Vitamin/Vitamine
man	Pferd	Stadt	Voraussetzung
(der) Mann	pflegen	Stängel	vorgestern
Margarine	Porzellan	Staub	
meistens	Prima	(er) stiehlt	Waage
Menge	Publikum	stolz	wachsen
merkwürdig		strahlend	Wahl
mir	Rad	streng	während
mittags	ranzig	Sturz	Wal (Säugetier)
Mond	Rebhuhn		Wechsel
morgen früh	Reh/Rehe	täglich	widersprechen
morgens	Reis	Tatsache	wie lange
Motor/Motoren	reizen	Tee	wie oft
	Rekord	Teer	wirkungsvoll
(der) Nächste		Thema	Wissenschaftler
Nachwuchs	Salat	Tiger	
nämlich	Schlips	Tipp	zählen
Narbe	sechs	Ton	zähmen
neunzig	See/Seen	Tor	Zentrum/Zentren
niemand	Segen		Zeugnis
nirgends	sehr	übermorgen	ziemlich
Nummerierung	(ihr) seid	Uhr	Zoo
	seit (gestern)	ungefähr	zuletzt
ob	selbstständig		zumachen
obgleich	selten	Vase	zurückkehren
Obst	September	verständlich	zwischen

Teste dich selbst! – Tipps für das richtige Schreiben

(zu erreichende Punkte / eigene Punkte)

1. Sprich die Wörter besonders deutlich aus und setze den jeweils fehlenden Buchstaben ein.

◻ reis (alter Mann) — ◻ reis (rund)

◻ asse (kleine Straße) — ◻ asse (Geldinstitut)

Sei ◻ e (links oder rechts) — Sei ◻ e (Stoffart)

En ◻ e (Schluss) — En ◻ e (Wasservogel)

◻ eich (Gewässer) — ◻ eich (Schutz vor Hochwasser)

10 / _____

2. Schreibe zu folgenden Wörtern eine Verlängerung auf und ergänze den fehlenden Buchstaben am Wortende.

das Lan ◻ – _____   kal ◻ – _____

gro ◻ – _____   der Ber ◻ – _____

lan ◻ – _____   die Wan ◻ – _____

er spran ◻ – _____   der Flu ◻ – _____

der Sie ◻ – _____

9 / _____

3. Trage in dem folgenden Witz die fehlenden Buchstaben ein. Verlängere jeweils das Wort oder suche nach verwandten Wörtern.

15 / _____

Die Rechenaufgabe

Im Supermark ◻ steht vor der Kasse eine en ◻ lose Schlange. Die Verk ◻ ferin an der Registrierkasse schwitz ◻ Blu ◻ und Wasser, der kleine Theo stapel ◻ Artikel über Artikel vor ihr auf. En ◻ lich ist der Einkaufswagen leer, und die Verk ◻ ferin lie ◻ t die En ◻ summe vom meterlangen Kassenbon ab. Da
5 mein ◻ der Kleine unschuldi ◻ : „So, nun können Sie alles wieder einr ◻ men, ich brauche die Summe bloß für eine Rechenaufgabe. Meine Note in Mathemati ◻ soll nicht wieder so schlech ◻ sein wie auf dem letzten Zeugnis."

4. Trage die zwei Buchstaben ein, die im Alphabet vor und nach den hier genannten Buchstaben stehen.

	D			H			O	
	R			U			W	

6 / _____

5. Schreibe die Wörter aus dem Speicher in alphabetischer Reihenfolge auf.

> Fuchs • führen • füttern • Führerschein • fürchten • Futter • funkeln

4 / _____

6. Korrigiere in dem folgenden Text die Groß- und Kleinschreibung und schreibe die richtigen Buchstaben darüber.

R

hausmäuse und feldmäuse

weiße mäuse und farbmäuse stammen von der hausmaus ab. sie zählt zu den ältesten beglei-

tern des menschen. schon vor mehr als 3000 jahren wurden in China mäuse als haustiere ge-

züchtet. sie fressen alles, was sie im haus finden können. es gibt aber auch viele mäuse, die

draußen leben, z. b. feldmäuse. sie fressen getreide, nüsse und würmer.

11 / _____

7. Setze in die Lücken des folgenden Textes jeweils die Wörter *das* oder *dass* ein.

Ep

_____ Dromedar

_____ Besondere an Dromedaren ist, _____ sie in der Wüste zu er-

staunlichen Leistungen fähig sind. Es gab z. B. ein Dromedar, _____ in

der Wüste 944 Kilometer zurücklegte, ohne _____ es eine Wasser-

quelle aufsuchte. Dromedare sind an _____ Leben in der Wüste ange-

₅ passt. Ihr Fell, _____ besonders dicht ist, hält die Sonnenstrahlen ab.

Weiter ist der Geruchssinn so ausgeprägt, _____ sie Wasser schon kilometerweit wittern.

Kommt _____ Dromedar an eine Wasserstelle, kann es über 100 Liter auf einmal saufen.

9 / _____

Mögliche Punkte: 64 / deine erreichten Punkte: _____
Zur Kontrolle und Auswertung lies im Lösungsheft auf S. 27 f. nach.

Genau hinhören – kurze und lange Vokale unterscheiden

Das musst du wissen

- Beim Alphabet unterscheidet man **Vokale** (= Selbstlaute) und **Konsonanten** (= Mitlaute). **Vokale** sind **a**, **e**, **i**, **o**, **u** und die Doppellaute **au**, **äu**, **ei**, **ai** und **ie**. Alle **anderen Buchstaben** sind **Konsonanten**.
- Die **einfachen Vokale** können **lang** (z. B.: Töne, Hüte) oder **kurz** (z. B.: Kämme, Tonne) ausgesprochen werden. Die **Doppellaute** (z. B.: Haut, Bäume) werden **immer lang** gesprochen.

1. Sprecht die Wörter aus dem Speicher laut und deutlich in Silben aus. Achtet darauf, ob der betonte Vokal kurz oder lang ausgesprochen wird, und ordnet die Wörter in die Tabelle ein.

> Hüte ● holen ● lesen ● Haare ● müssen ● kennen ● dünner ● Schiffe ● schlafen ● Züge ● riesig ● rosig ● besser ● hassen ● Nässe ● tosen ● flüssig ● Masse

kurzer Vokal	langer Vokal

lahm	Kammer
Wahn	Lamm
fühlen	Wanne
Schal	Schall
Gase	Gasse
raten	Bett
Sohn	Sonne
Beet	füllen
kam	Ratten

2. Suche zu jedem Wort mit einem langen Vokal auf der linken Seite ein ähnlich klingendes Wort mit einem kurzen Vokal auf der rechten Seite.
- Verbinde die Wörter durch eine Linie.
- Kennzeichne nun den kurzen Vokal durch einen Punkt und den langen Vokal durch einen Strich.
- Sprich sie dazu in Silben zerlegt.
- Verlängere die einsilbigen Wörter.

Himmel, Suppe – Doppelkonsonanten nach kurzem Vokal

Das musst du wissen

- Wenn du nach einem kurz gesprochenen Vokal **nur einen Konsonanten hörst**, wird **dieser meistens verdoppelt** (z. B.: Ta**nn**e, wo**ll**en, stu**mm**).
- Die Vokalverdoppelung bleibt **in allen Formen** des Wortes und bei allen **verwandten Wörtern** bestehen (z. B.: ko**mm**en – sie ko**mm**t, Hi**mm**el – hi**mm**lisch).

1. Schreibe aus dem folgenden Text alle Wörter mit einem doppelten Konsonanten nach kurzem Vokal heraus.

Markiere den Doppelkonsonanten farbig und kennzeichne den kurzen Vokal mit einem Punkt. Wörter, die mehrmals vorkommen, brauchst du nur einmal aufzuschreiben.

Die ersten Schiffe

Vor langer Zeit waren die Schiffe die wichtigsten Transportmittel. Wie sahen sie aus? Die allerersten „Schiffe" waren wahrscheinlich einfache Flöße aus zusammengebundenen Baumstämmen. Sie waren nicht wasserdicht, schwammen aber sehr gut. Die ersten wasserdichten Fahrzeuge waren die Kanus oder Einbäume: Baumstämme,
5 die mit primitiven Werkzeugen ausgehöhlt waren. Später nahm man auch andere Materialien, wie zum Beispiel Tierhäute und Baumrinde, und baute daraus einfache Schiffe. Bei den ersten richtigen Schiffen bestand der ganze Rumpf aus Holzplanken. Es waren Ruderboote. Sie wurden anfangs mit Paddeln und später mit Rudern fortbewegt.

2. In dem Buchstabenquadrat sind senkrecht und waagerecht jeweils fünf Wörter mit Doppelkonsonanten versteckt. Schreibe sie heraus.

senkrecht:

_____

_____

_____

_____

waagerecht:

_____

_____

_____

_____

A	K	B	V	C	K	E	N	N	E	N
D	R	F	E	G	H	I	J	K	A	L
M	U	N	R	O	R	P	Q	R	L	S
T	M	U	S	H	I	M	M	E	L	V
W	M	X	A	Y	N	Z	A	S	E	B
C	D	E	M	F	N	G	H	C	I	J
K	L	M	N	E	O	P	H	Q	R
S	T	U	L	I	P	P	E	L	V	W
X	Y	Z	U	A	B	C	D	I	E	F
G	T	O	N	N	E	H	I	M	J	K
L	M	N	G	U	M	M	I	M	O	P

3. Schreibe die Wörter aus dem Buchstabenquadrat in alphabetischer Reihenfolge in dein Heft.

Kind, bald – verschiedene Konsonanten nach kurzem Vokal

Das musst du wissen

- Wenn du nach einem kurzen Vokal **zwei verschiedene Konsonanten hörst**, wird **keiner verdoppelt** (z. B.: Wälder, Kinder, rutschen).

1. Schreibe aus der Wortschlange alle Wörter heraus. Suche anschließend möglichst viele verwandte Wörter und schreibe sie in dein Heft.

HUNDTDANKULANGPGELDIDUNKELFLENKERFRUNDXDENKEN

2. Welche Wörter fehlen in den folgenden Sätzen? Ergänze sie.

- Das Gegenteil von eckig ist _____.

- Mein Bruder und meine Schwester sind wie Katze und _____.

- Zwischen zwei Zimmern befindet sich eine _____.

- Er sieht den _____ vor lauter Bäumen nicht.

3. Was zeigen die Abbildungen? Schreibe die Wörter darunter.

_____ _____ _____ _____

4. Schreibe die Wörter im Speicher in alphabetischer Reihenfolge auf.

> Winter • hinten • kalt • Tulpe • Kind • Wald • gesund • Geld • Pumpe • Ring • Kunst
> • Balken • bunt

_____

_____

_____

Bäcker, meckern, Blitz – ck und tz nach kurzem Vokal

Das musst du wissen

- Die **Laute k und z** werden in deutschen Wörtern **nicht verdoppelt**. Nach kurzem Vokal wird der **k-Laut mit ck** und der **z-Laut mit tz** geschrieben (z. B.: wa**ck**eln, Bä**ck**er, Ta**tz**e).

1. Tragt die gesuchten Wörter ein. Die Buchstaben in den dick umrandeten Kästchen ergeben von oben nach unten gelesen ein Lösungswort.

macht dich morgens wach			C	K			
das sollte der Fotograf nicht tun			C	K			
für Brot und Kuchen zuständig			C	K			
nicht rund			C	K			
Möglichkeit, um Kaltes im heißen Sommer zu verzehren			C	K			
kriegt er am Auto einen Kratzer, gibt es Ärger			C	K			
vor dem Urlaub zu tun			C	K			
die Ziege darf es, der Fußballspieler nicht			C	K			
nicht die ganze Torte			C	K			
nicht nur Lamas tun es			C	K			
brummt er nicht, ist der Bauer brummig			C	K			

Lösungswort: _____

2. Schreibe die Wörter aus der Schlange in dein Heft und versuche, zu den Wörtern möglichst viele Reimwörter zu finden (z. B.: Mütze – Stütze, Pfütze – …).

MÜTZERSETZENUTZENETZULETZTATZEINSITZERITZEN

3. Setze die fehlenden Buchstaben in die Wörter ein. Achte dabei auf die Regel in der Lernbox oben.

Pel___, tan___en, Nel___e, sich zan___en, stol___, Len___er, Ar___t,

Stur___, En___el, Plan___e, kur___, flin___, Lan___e, grun___en, gan___

Teste dich selbst! – Wörter mit kurzem Vokal

1. Vervollständige die folgende Rechtschreibregel.

Nach einem kurzen Vokal folgen meistens zwei Konsonanten.

Wenn du nur _____ _____ hörst, wird dieser

meistens _____.

Wenn du nach einem kurzen Vokal _____ Konsonanten hörst, wird

5 / ____ _____ verdoppelt.

2. Kennzeichne die fett gedruckten Vokale in dem Zeitungsartikel. Unterstreiche die langen Vokale und markiere die kurzen Vokale mit einem Punkt.

Tipp: Bilde zu den Verben den Infinitiv, wenn du unsicher bist.

Känguru geehrt

Ein Kän**gu**ru in Aust**ra**lien hat einen **Ta**pferkeitsorden be**ko**mmen. Das **Ti**er hatte sein Herr-

chen ge**re**ttet. Der **Ma**nn **wa**r von einem abge**stü**rzten **A**st eingekl**e**mmt **wo**rden und dr**o**hte zu

ersticken. Das Känguru h**ü**pfte zum Haus und h**o**lte Hilfe. Es lebt bei dem Farmer, seit seine

Mutter überf**a**hren worden ist. **Je**den **A**bend kl**o**pfe es an der **Tü**r und verl**a**nge K**e**kse, erklärte

25 / ____ ₅ der gerettete Mann.

18 / ____ **3.** Ergänze in dem folgenden Text bei den Wörtern mit kurzem Vokal die fehlenden Buchstaben.

Igelkinder

Man ka___ sich gut vorste___en, dass Igelki___er beim

Tierschu___ ein besonderes Problem darste___en. Ihr niedliches

Aussehen verlo___t zum Mitnehmen, oft zum Schaden der

ju___en Tiere. We___ man plö___lich ein Igelnest ent-

de___t, so___te man die Kleinen unberührt la___en und sich

so rasch wie möglich entfernen. Sonst kö___te die Igelmu___er

vor Schre___ ihren Nachwuchs töten. Wenn allerdings ein Igel-

ki___ verwaist ist, mu___ es betreut und gefü___ert werden.

Mögliche Punkte: 48 / deine erreichten Punkte: ____

Zur Kontrolle und Auswertung lies im Lösungsheft auf S. 30 nach.

Hose, nämlich, Tiger – Wörter ohne Dehnungszeichen

Das musst du wissen

- Bei einem Wort kann der **betonte Vokal kurz** (z. B.: kommen) **oder lang** (z. B.: Segel) gesprochen werden.
- Die **meisten Wörter mit einem langen Vokal** schreibt man mit **einfachen Buchstaben** (z. B.: Dose, Vase, Nase, Hüte).
- Allerdings wird der **lange i-Laut** nur **selten mit einfachem i** geschrieben (z. B.: mir, dir, wir, Rosine). Die **meisten Wörter** mit einem **langen i-Laut** werden mit ie geschrieben (z. B.: Ziege, lieben, viele).

1. Setzt die Silben in dem Kasten so zusammen, dass Wörter mit einem lang ausgesprochenen Vokal entstehen. Schreibt die Wörter mit Silbenbögen in eure Hefte und unterstreicht anschließend die lang ausgesprochenen Vokale.

Beispiele: Hose, nämlich

Ho-, näm-, -len, Se-, -ge, Schu-, -ben, Va-, -ne, -te, Ra-, Lo-, Fe-, -ge, tra-, -se, -lich, ho-, -gel, -fen, Sa-, -le, ru-, -se, Tö-, Hü-, -sen, Ta-, -gen, -rien, -se, lo-

2. Trage die fehlenden Buchstaben in dem Text „Die Eroberung des Weltalls" ein.

Die Eroberung des Weltalls

Am 4. Oktber 1957 umkreiste zum ersten Ml ein Satellit die Erde. Wrum ist dieses Dtum swichtig?

An diesem Tg begann die Erberung des Weltalls. Zum ersten Ml verließ ein auf der Erde von Menschen hergestelltes Objekt unsere Atmosphre. Es wr der Sputnik,

5 ein russischer Satellit.

Fünf Minten nach seinem Strt begann der Sputnik die Erde zu umkreisen, wbei er einen lauten Tn von sich gb, der auf der ganzen Erde gehrt werden konnte.

Einen Mont spter wurde ein zweiter Sputnik gestr-

10 tet, diesmal mit einer Hündin an Brd. Sie hieß Laika und wr das erste Lbewsen, das die Erde umkreiste.

Waage, Moor, Saal – Wörter mit doppeltem Vokal

Das musst du wissen

- In **einigen Wörtern** werden die **langen Vokale verdoppelt** (z. B.: B**oo**t, S**ee**, H**aa**re).
- Das **lange i** und **u** werden jedoch **nie verdoppelt**.

1. Schreibe die gesuchten Wörter auf. Sie werden alle mit **ee** geschrieben.

- vierblättriger Glücksbringer

  _____

- gibt es nur im Winter

  _____

- Bestandteil der Straße

  _____

- heißes Getränk, oft aus Kräutern

  _____

- das Gegenteil von voll

  _____

- Wurfgerät

  _____

2. Setze die passenden Wörter mit **aa** aus dem Speicher in das Gedicht ein. Einige Wörter kommen doppelt vor.

Vom _____ aus Dänemark

Es lebt' im _____e Dänemark

Ein sehr beleibter _____.

Der sprach: „Ich bin am Bauch zu stark,

Grad wie ein riesengroßer _____."

5 Und stellt' sich auf die _____.

„Von stark kann keine Rede sein,

Da sträubt sich mir das _____.

Du bist zu dick, das ist's allein."

Frau _____ sprach's laut und klar.

10 Das holt' ihn von der _____.

| Staat • Waage • Haar • Saal • Aal |

3. Setze die Wörter in dem Kasten so zusammen, dass sinnvolle Ausdrücke entstehen, und schreibe sie in dein Heft (z. B.: Moorhuhn).

Moorsuppe • Aalhuhn • Teetiere • Zookanne • Gummischnee • Pulverboot • Tanzbeere • Blausaal • Haarenge • Meerspange • Mooswurf • Speerbett • Personensee • Ungeheuerwaage

Kuh, ihr, Ruhe – Wörter mit h als Dehnungszeichen

Das musst du wissen

- Ein **langer Vokal** kann **auch durch ein Dehnungs-h kenntlich** gemacht werden. Dies kann man sich an der Sprech- und Schreibweise der Wörter *in* und *ihm* deutlich machen.
- Beispiele für Wörter mit einem Dehnungs-h sind z. B. Kühle, Ruhm, Wohnung, ohne, Gefahr. **Oft folgt** dem Dehnungs-h ein **l**, **m**, **n**, **r**.
- **Manchmal leitet das h** hinter dem Vokal auch eine **neue Silbe ein** (z. B.: ge-hen, ru-hen).

1. Trage die folgenden Wörter in die passenden Spalten der Tabelle ein. Unterstreiche anschließend den langen Vokal und zeichne das Dehnungs-h und den folgenden Konsonanten farbig nach.

M

> Zähne ● Stuhl ● Ruhm ● bohren ● Fehler ● nehmen ● Hühner ● nachahmen ●
> Rahmen ● Sohn ● Mehl ● Uhr ● strahlen ● Lehm ● Eisenbahn ● Rohr ● Lehrerin ●
> angenehm ● Bohne ● mahlen ● Kuhle ● fahren ● Bühne ● Wahrheit ● zähmen

Dehnungs-h vor l	Dehnungs-h vor m	Dehnungs-h vor n	Dehnungs-h vor r
Stuhl			

2. Tragt die fehlenden Buchstaben in die Lücken des Textes ein.

M

Wo f   r die erste Straßenb   n?

Die erste Straßenb   n auf Schienen verk   rte 1832 in New York. Gezogen wurde

sie von zwei Pferden. Einige J   re später f   ren solche Pferdeb   nen auch in

z   lreichen europäischen Städten. Für viele Menschen war dieses Verk   rsmittel

jedoch s   r unangen   m. Sie beklagten sich über den Pferde-

5 mist, der auf den Straßen lag. Deshalb war man erleichtert, als die

Pferdeb   nen durch Dampfb   nen und später

durch elektrische Straßenb   nen ersetzt wurden.

Ziege, ihr, Igel, Vieh – Wörter mit langem i-Laut

Das musst du wissen

- Die **meisten Wörter** mit einem **langen i** werden mit **ie** geschrieben (z. B.: Sieb, Liebe, viel).
- Einige **Personal- und Possessivpronomen** schreibt man **mit ih** (z. B.: ihr, ihrer, ihrem, ihm, ihn, ihnen).
- Bei **wenigen Wörtern** wird das lange **i** mit **einfachem i** (z. B.: Igel, wir, Maschine) oder **ieh** (z. B.: das Vieh, er sieht) geschrieben.

1. Schreibt die Wörter aus dem Speicher alphabetisch geordnet in eure Hefte.

> Ziel • Dienstag • Ziege • die • niemand • verlieren • dieser • gießen • Frieden •
> Stiefel • liegen • Biene • sie • genießen • Krieg • Fliege • Lied • Spiel • sieben •
> Papier • schwierig • kariert • viel • lieben • sprießen

2. Suche die Wörter aus dem Speicher heraus, die sich reimen
(z. B.: Ziege – Fliege). Formuliere damit lustige Paarreime
und schreibe sie in dein Heft.
Beispiel: Zum Kaufhaus läuft die eitle Ziege.
Sie kauft sich eine neue Fliege.

3. Einige Verben bilden das Präteritum mit **ie**. Tragt die fehlenden Formen in die Tabelle ein.

Infinitiv	1. Person Singular Präsens	1. Person Singular Präteritum
laufen	*ich laufe*	*ich lief*
fallen		
heißen		
beweisen		
schreien		
rufen		
halten		
bleiben		
treiben		

4. Stellt die verwürfelten Wörter wieder her und schreibt sie auf. Die ersten beiden Buchstaben sind immer richtig.
Beispiel: Krsei = Krise

Maeragrin ● Varimp ● Igle ● Klmai ● Muiks ● Gadrein ● Apeinelfs ● Meidniz

_____

_____

_____

5. Ersetze die unterstrichenen Wörter durch passende Pronomen und schreibe diese Sätze auf.

● Jule schenkt ihrem Freund einen gelben Plüschbären.

_____

_____

● Jonas besucht Lukas im Krankenhaus.

_____

_____

● Die Schüler kaufen dem Klassenlehrer zum Geburtstag ein Buch.

_____

_____

● Paul spielt mit Lisas Hund.

_____

_____

● Nico schaut sich mit seiner Freundin den neuen Kinofilm an.

_____

_____

6. In dem Gedicht von Janosch fehlen einige Personalpronomen und die Buchstaben für das lange **i**. Trage sie ein.

Janosch

Das L___besbr___f-Ei

Eine Henne verspürte große Lust

unter den Federn in der Brust,

aus L___be dem Freund, einem Hahn, zu schreiben,

er solle nicht länger in Düsseldorf bleiben.

5 Er solle doch l___ber h___r – zu _____ eilen

und mit _____ d___ einsame Stange teilen,

auf der _____ schl___f.

Das stand in dem Br___f.

Wir müssen noch sagen: Es fehlte _____

10 an gar nichts. Außer an Br___fpap___r.

Da schr___b _____ ganz einfach und deutlich mit Blei

den L___besbr___f auf ein Hühnerei.

Jetzt noch mit einer Marke bekleben

und dann auf dem Postamt abgegeben.

15 Da knallte der Postmann den Stempel aufs Ei.

Da war _____ vorbei.

D___ L___belei.

Teste dich selbst! – Wörter mit langem Vokal

1. Setze die fehlenden Buchstaben in die „Unsinnsätze" ein. Entscheide jeweils, ob das Wort mit einfachem oder verdoppeltem langen Vokal geschrieben wird.

(zu erreichende Punkte / eigene Punkte)

- Ein ___sel frisst Kl___, trinkt aber keinen T___. (e/ee)

- ___le, die durch das Wasser r___sen, stoßen sich sehr leicht die N___sen. (a/aa)

- Eine D___se voller L___se fand ich im M___r. (o(oo))

- Zunächst tanzte der H___se im S___l, später fr___ß er im G___rten
  S___l___t. (a/aa)

- Wenn ich ein Buch l___se, koche ich mir vorher eine Tasse Kaff___ oder
  Blaub___rt___. (e/ee)

- Zum Geburtst___g wünscht sich Paul ein R___d, eine W___ge, Blumen-
  s___men und eine V___se. (a/aa)

- Schn___frauen r___den im F___bruar viel über das Wetter. (e/ee)

- Ein Affe aus dem Z___ erwarb im Supermarkt eine T___rte, zwei R___sen und ein
  B___t. (o/oo)

31 / _____

2. Löse das Rätsel. Alle Wörter enthalten „oo".

ganz schön feucht und gefährlich	o	o	
weicher Sitzplatz im Wald	o	o	
Treffpunkt von Tieren und Menschen	o	o	
Wasserfahrzeug	o	o	
sehr dumm	o	o	

5 / _____

3. Ergänze die Lücken in dem Text „Das Landleben". Es fehlt entweder ein **e** oder ein **eh**.

Das Landleben

Die L___rerin schreibt als Th___ma an die Tafel: Das Landl___ben. Der z___njährige

Dieter gibt s___r schnell ab. In seinem Heft st___t: Das L___ben auf dem Lande ist

s___r lustig. Die kleinen Schweine l___gen das große Schwein auf die Seite und knabbern

ihm die Knöpfe von der Weste ab. M___r weiß ich nicht.

10 / _____

Mögliche Punkte: 46 / deine erreichten Punkte: _____

Zur Kontrolle und Auswertung lies im Lösungsheft auf S. 32 nach.

Stimmhaft oder stimmlos? – s-Laute unterscheiden

Das musst du wissen

- Bei den **s-Lauten** unterscheidet man den **stimmhaften** und den **stimmlosen** Laut.
- Der **stimmhafte s-Laut** kommt z. B. in den Wörtern *Ha_s_e*, *ei_s_ig* oder *Ho_s_e* vor. Er wird gesummt ausgesprochen. Wenn du deine Hand an deinen Kehlkopf legst und die Wörter deutlich und laut aussprichst, kannst du das Summen bei den s-Lauten spüren.
- In den Wörtern wie z. B. *Flüsse*, *Größe* oder *bis* ist der **s-Laut stimmlos**. Er wird gezischt ausgesprochen. Wenn du die Hand beim lauten Sprechen der Wörter an deinen Kehlkopf legst, fühlst du den s-Laut nicht.

 1. Sprich die Wörter deutlich in Silben zerlegt aus. Unterstreiche die stimmhaften s-Laute und kreise die stimmlosen s-Laute ein.

Ta**ss**e   Grä**s**er   fließen   messen   weißer   begossen   Häuser   Masse

Straße   blasen   Füße   Lose   heißen   Schlüssel   lesen   reißen

Bremse   lassen   Gläser   Gänse   Grüße   passen   niesen   Kasse

Bläser   Größe   Klöße   Hase   Vase

2. Trage die Wörter in die folgende Tabelle ein:

Wörter mit stimmhaftem s-Laut	Wörter mit stimmlosem s-Laut	
s geschrieben	ß geschrieben	ss geschrieben
Gräser		

„ss" oder „ß" – den stimmlosen s-Laut richtig schreiben

Das musst du wissen

- **Nach langen Vokalen und Doppellauten** (z. B.: ei, au, eu) wird der **stimmlose s-Laut mit ß** geschrieben (z. B.: Füße, fließen, heißes).
- Am Wortende wird aber der s-Laut eines Wortes mit stimmhaftem s-Laut stimmlos (= gezischt) ausgesprochen (z. B.: Los, Gras, er las). Prüfe deshalb, ob es **verwandte Wörter mit einem stimmhaften s-Laut gibt** (z. B.: Lose, Gräser, lesen). Wenn ja, wird der s-Laut immer mit **einfachem s** geschrieben.
- **Nach einem kurzen Vokal** wird der s-Laut in der Regel mit **ss** geschrieben (z. B.: Tasse, er küsst, misslungen).

1. Suche zu den Wörtern verwandte Wörter, in denen du einen stimmhaften s-Laut hörst.

ihr verreist: _____

Glas: _____

Preis: _____

sie saust: _____

sie bewies: _____

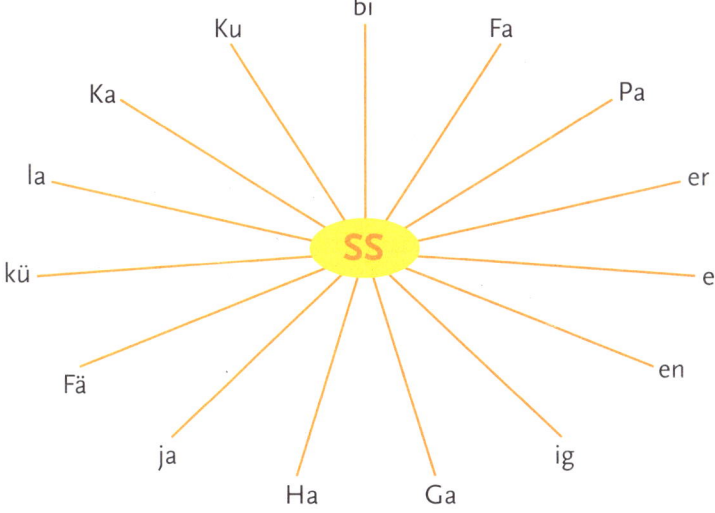

2. Bilde mithilfe des Wortsterns möglichst viele Wörter, die mit **ss** geschrieben werden.
Schreibe sie in dein Heft und kennzeichne den kurzen Vokal mit einem Punkt.

3. Vervollständigt die folgenden Wörter. Es fehlen entweder **ss** oder **ß**. Kennzeichnet den kurzen Vokal mit einem Punkt und unterstreicht die langen Vokale und die Doppellaute.

sie schießt   das Flussufer   geri   en   der Spa   die Ta   e

er lä   t   es flie   t   der Ha   die Fü   e   das Wei   brot

gego   en   ein bi   chen   das Bierfa   der Schlü   el

4. Ergänze in dem folgenden Gedicht von Josef Guggenmos die richtigen Buchstaben (s, ss, ß) für die s-Laute.

Josef Guggenmos (1922 – 2003)
Besuch

War ein Rie___’ bei mir zu Ga___t,   Und er schrieb an eine Trumm:

___ieben Meter ma___ er fa___t,   MUTAKIRORIKATUM.

hat er nicht ins Haus gepa___t,   15 Ebenso verkehrt herum,

sa___en wir im Garten.   ja, so hie___ der Gute.

5 Weil er gar so rie___ig war,   Fall___ ihr einen Rie___en wi___t,

sa___en Raben ihm im Haar,   de___en Name also ist

eine ganze Vogelschar,   und der ___ieben Meter mi___t,

die da schrien und schwatzten.   15 so sagt, ich la___’ ihn grü___en!

Er auch lachte laut und viel,

10 und dann schrieb er mir zum Spiel

– Bleistift war ein Be___enstiel –

___einen Namen nieder.

5. Manchmal ändert sich die Länge des Vokals vor dem s-Laut bei verwandten Wörtern. Die s-Laute werden dann auch nach den Regeln geschrieben, die ihr gelernt habt.
Tragt in folgende Wörter die richtigen Buchstaben ein:

Fluss: flie___en – geflo___en

vergessen: ich verga___ – verge___lich

Schluss: abschlie___en – abgeschlo___en

lassen: ich lie___ – gela___en

Schuss: sie schie___t – sie hat gescho___en

Biss: er bei___t – bi___ig

gießen: ich habe gego___en – Gie___kanne

Muskel, lustig, bis – Merkwörter mit s

Das musst du wissen

- Bei **einigen Wörtern mit s** kann man ihre Schreibweise **nicht ableiten** oder mithilfe von Regeln erklären. Dazu gehören die **Wörter mit st, sk oder sp** (z. B.: lustig, Muskeln, lispeln).
- Die **Schreibweise** von Wörtern wie den folgenden musst du dir **einprägen**: was, bis, los, es, des, etwas, bereits, der Reis, der Mais, abends, morgens, ...
- Wörter mit den **Endungen -is, -nis, -us und -as** werden im **Singular** mit einfachem **s** und im **Plural** mit **ss** geschrieben (z. B.: Geheimnis – Geheimnisse, Atlas – Atlasse, auch: Atlanten, Kaktus – Kaktusse, auch: Kakteen).

1. Trage die fehlenden Buchstaben in die folgenden Sätze ein:

- Maike wäre fa   über ihre eigenen Füße ge   olpert.

- Jörg und Lisa verabreden sich zum Sommerfe   .

- Im Frühling sind überall die glänzenden Kno   en an den Bäumen zu sehen.

- Wir verbringen unseren Urlaub regelmäßig an der Atlantikkü   e.

- Wer täglich trainiert, erhält kräftige Mu   eln.

- Zu Mittag gibt es heute knu   rige Pommes mit Ketchup.

- Seit Tagen werde ich diesen fe   sitzenden Hu   en nicht lo   .

- Zu einem chinesischen Essen gehört fa   immer Rei   .

2. Welche Merkwörter aus der Lernbox oben passen zu folgenden Umrissen? Schreibe die Wörter daneben.

a) _____

b) _____

c) _____

d) _____

M

3. Bilde den Plural zu folgenden Nomen und schreibe ihn daneben.

Ergebnis   – _Ergebnisse_____   Hindernis   – _____

Zirkus   – _____   Iltis   – _____

Krokus   – _____   Zeugnis   – _____

Geheimnis   – _____   Albatros   – _____

Bus   – _____   Missverständnis   – _____

4. Trage in das Gedicht von Martin Auer die fehlenden Buchstaben ein.

Martin Auer (geb. 1951)
Über die Erde

Über die Erde

soll   du barfu   gehen.

Zieh die Schuhe au   ,

Schuhe machen dich blind.

5 Du kann   doch den Weg

mit deinen Zehen   ehen.

Auch das Wa   er

und den Wind.

Sollst mit deinen   ohlen

10 die Steine berühren,

mit ganz nackter Haut.

dann wir   du bald   üren,

dass dir die Erde vertraut.

Spür da   na   e Gra

15 unter deinen Fü   en

und den trockenen   aub.

La   dir vom Moo

die   ohlen   reicheln und kü   en

und fühl

20 das Kni   ern im Laub.

Steig hinein,

steig hinein in den Bach

und lauf aufwärt

dem Wa   er entgegen.

25 Halt dein Ge   icht

unter den Wa   erfall.

Und dann soll   du dich

in die   onne legen.

Leg deine Wange an die Erde,

30 riech ihren Duft und   ür,

wie auf   eigt au   ihr

eine ganz gro   e Ruh'.

Und dann ist die Erde

ganz nah bei dir,

35 und du wei   t:

Du bi   ein Teil von allem

und gehör   dazu.

Teste dich selbst! – s-Laute richtig schreiben

1. Vervollständige die folgenden Rechtschreibregeln.

(zu erreichende Punkte / eigene Punkte)

Der _____ s-Laut in Wörtern wie Dose und _____ wird

immer mit _____ **s** geschrieben.

Der _____ s-Laut wird nach _____ Vokal und

_____ wie **au** oder **äu** mit _____ geschrieben.

Nach _____ schreibt er sich meistens mit _____.

9 / _____

2. Ergänze die Buchstaben **s**, **ss** oder **ß**. Verlängere das Wort, wenn du dir nicht sicher bist.   15 / _____

s? ss? ß?						
Gru	le	en	Klo	bei	en	Ta e
Flu	Gla		gro	na		kü en
hei en	Nu		Gra	er lä t		Ki en

3. Schreibe sechs Merkwörter mit **s** auf, die **nicht** auf **-nis**, **-is**, **-us** oder **-as** enden.

_____

_____

6 / _____

4. Trage die fehlenden Buchstaben in den Text „Der heiße Ferienanfang" ein.   17 / _____

Der hei   e Ferienanfang

Ge   tern fingen die Ferien an und mein Bruder Bastian und ich wu   ten schon,

wa   pa   ieren würde. Papa lie   stundenlang den Ra   ensprenger laufen und

Mama schickte uns au   dem Hau   , um sauber zu machen. Ich dö   te auf der

Terra   e und träumte. Da traf mich ein kalter Wa   erstrahl auf der Bru   t. Bastian

5 hatte mir aufgelauert. Ich nahm den Gartenschlauch und verpa   te auch ihm einen

ei   kalten Gu   . Pudelna   standen wir uns nun gegenüber. Wir lachten und legten

uns in die Sonne, um trocken zu werden.

Mögliche Punkte: 47 / deine erreichten Punkte: _____

Zur Kontrolle und Auswertung lies im Lösungsheft auf S. 35 nach.

Die Zeichensetzung bei der wörtlichen Rede

Das musst du wissen

- Die **wörtliche Rede** wird durch **Anführungszeichen** kenntlich gemacht.
- Wenn der **Redebegleitsatz vor der wörtlichen Rede** steht, folgt ein **Doppelpunkt**.
  Beispiel: Paul fragt: „Wann haben wir heute Deutsch?"
- Steht der **Redebegleitsatz nach der wörtlichen Rede**, wird ein **Komma** zwischen Redebegleitsatz und wörtlicher Rede gesetzt. Bei **Aussagesätzen** in der wörtlichen Rede **entfällt der Punkt**. Frage- und Ausrufezeichen werden aber gesetzt.
  Beispiel: „Deutsch haben wir heute in der vierten Stunde", antwortet Sofia.
  „Stimmt das wirklich?", fragt Paul nach.
- Wird die **wörtliche Rede** durch den **Redebegleitsatz unterbrochen**, stehen **vor und hinter dem eingeschobenen Redebegleitsatz Kommas**.
  Beispiel: „Sofia", mischte sich Paula ein, „hat wirklich recht."

---

1. Unterstreiche in dem Text von Rudyard Kipling die wörtliche Rede und die Redebegleitsätze jeweils mit einer anderen Farbe.

Rudyard Kipling
Die Entstehung der Gürteltiere

Eines wunderschönen Abends stieß der gefleckte Jaguar an den Ufern des trüben Amazonas auf den stachlig-kratzigen Igel und die träg-starre Schildkröte. Sie konnten nicht weglaufen, und so rollte sich der Stachlig-Kratzige zu einem Ball zusammen und die Träg-Starre zog Kopf und Füße unter ihren Panzer, so weit es ging, weil sie eine Schildkröte war.

5 „Jetzt passt mal auf", sagte der gefleckte Jaguar, „das ist nämlich wichtig. Meine Mutter hat gesagt, wenn ich einem Igel begegne, soll ich ihn ins Wasser werfen, dann rollt er sich auseinander, und wenn ich eine Schildkröte fange, soll ich sie mit der Pfote aus dem Panzer heben. Wer von euch ist nun der Igel, und wer ist die Schildkröte?" „Weißt du noch genau, was deine Mami dir gesagt hat?", fragte der stachlich-kratzige Igel. „Vielleicht hat sie dir gesagt, wenn du

10 eine Schildkröte auseinanderrollst, musst du sie panzern und aus dem Wasser heben, und

wenn du einen Igel packst, sollst du ihn auf den Panzer werfen." „Weißt du wirklich genau, was deine Mami dir gesagt hat?", fragte die träg-starre Schildkröte. „Vielleicht hat sie dir gesagt, wenn du

15 einen Igel wässerst, musst du ihn in die Pfote werfen, und wenn du eine Schildkröte fängst, musst du sie panzern, bis sie sich auseinanderrollt."

2. Setze in der Fortsetzung der Geschichte die fehlenden Satzzeichen.

__Von euren Reden tun mir schon die Flecken weh__ __ sagte der gefleckte Jaguar __

__ und außerdem hab ich euch nicht um euren Rat gebeten. Ich wollte nur wissen, wer der

Igel ist und wer die Schildkröte __ __

__ Das sag ich nicht __ __ sagte der Igel.

5 __ Aber du kannst mich aus meinem Panzer heben, wenn du willst __ __

__ Aha __ __ sagte der gefleckte Jaguar.

__ Jetzt weiß ich, dass du eine Schildkröte bist __ __

Er streckte seine Samtpfote genau in dem Moment aus, in dem der Igel sich zusammenrollte,

und natürlich war die Samtpfote sofort voller Stacheln. Der Jaguar steckte seine Pfote in den

10 Mund, und da stachen die Stacheln noch mehr.

Sobald er wieder sprechen konnte, sagte er __ __ Jetzt weiß ich, dass es nicht die Schildkröte

war. Aber woher soll ich wissen, ob dieses andere Tier die Schildkröte ist __ __

__ Aber ich bin die Schildkröte __ __ sagte die Schildkröte.

__ Deine Mutter hat gesagt, du sollst mich aus dem Panzer heben. Nur zu __ __

15 __ Und was passiert, wenn ich's mache __ __ fragte der Jaguar höchst verschnupft und höchst

vorsichtig.

3. Schreibe ein Gespräch zwischen dem Jaguar und seiner Mutter in dein Heft. Lass dabei die
Redebegleitsätze vor, nach und zwischen der wörtlichen Rede stehen.

Januar, Februar, März – das Komma bei Aufzählungen

Das musst du wissen

- **Aufzählungen** von Wörtern und Wortgruppen werden durch ein **Komma voneinander getrennt**.
- Vor den Wörtern *und*, *oder* und *sowie* steht bei Aufzählungen **kein Komma**.

1. Unterstreiche in den folgenden Sätzen die einzelnen Teile der Aufzählungen und setze anschließend die Kommas.

- Frühling Sommer Herbst und Winter sind die vier Jahreszeiten.

- Ein Jahr besteht aus zwölf Monaten 52 Wochen sowie 365 Tagen.

- In den Ferien an Sonn- und Feiertagen aus besonderen Anlässen wie Wandertagen oder bei Elternsprechtagen ist schulfrei.

2. Setzt in den folgenden Sätzen zu den einzelnen Monaten des Jahres die fehlenden Kommas.

Einmal durch das ganze Jahr

- Um den **Januar** zu begrüßen, schießen viele Menschen blaue rote gelbe und grüne Feuerwerkskörper in die Luft.

- Im **Februar** ist häufig Karneval und zahlreiche Kinder verkleiden sich als Cowboy Prinzessin Hexe Ritter oder Pirat.

- Krokusse Schneeglöckchen Veilchen und Primeln sprießen im **März**.

- Der **April** kann sonnig windig stürmisch wechselhaft oder regnerisch sein.

- Die Bänder des **Mai**baums rascheln wehen und flattern im Wind.

- Im **Juni** freuen wir uns über Erdbeereis leckeren Erdbeerkuchen und Erdbeermarmelade.

- Im **Juli** sind Ferien und viele Familien fahren ans Meer an einen See oder in die Berge.

- Die Schule beginnt oft im **August**, also müssen die Schüler wieder Hefte Patronen Zeichenblöcke Umschläge und Stifte kaufen.

- Birnen Pflaumen und Äpfel werden meistens im **September** geerntet.

- Im **Oktober** können wir Kastanien Eicheln und Bucheckern sammeln.

- Am Martinstag im **November** ziehen viele Kinder mit bunten Laternen leuchtenden Lampions oder sogar Fackeln durch die Straßen.

- In vielen Familien werden im **Dezember** Lebkuchen Makronen Spekulatius Pfeffernüsse und Spritzgebäck gebacken.

Teste dich selbst! – Zeichensetzung

1. Setze die fehlenden Satzzeichen bei der wörtlichen Rede ein.

(zu erreichende Punkte / eigene Punkte)

- Der kleine Bruder fragt __ __ Kannst du mir gleich bei meinen Rechenaufgaben

  helfen __ __

- __ Ja, aber ich muss erst noch meine Tasche für morgen packen __ __ antwortet die

  große Schwester __

- __ Dann füttere ich schon mal dein Meerschweinchen __ __ bietet der Bruder an __

  __ dann musst du das heute nicht auch noch machen __ __   15 / ____

2. Unterstreiche im folgenden Text die Redebegleitsätze.

In der Nacht ruft aufgeregt ein Mann bei seinem Hausarzt an und stammelt: „Bitte, kommen Sie sofort. Meine Frau hat Fieber!"

„Ist es hoch?", fragt der Arzt. „Nein", sagt der Mann, „in der ersten Etage."   3 / ____

3. Setze die fehlenden Kommas in die Sätze ein.

- Ein gut erzogener Hund läuft an der Leine kommt sofort auf Zuruf wartet geduldig vor

  einem Geschäft jagt keinem Radfahrer oder Jogger nach und packt auch nicht den

  Briefträger an den Hosenbeinen.

- Schnauzer haben ein raues hartes und dichtes Haarkleid.

- Kaum eine Hunderasse ist so an Haus Hof und Familie gebunden wie der Spitz.

- Mit angeborenem Argwohn und lautstarkem Gebell bewachten schon Hunde in frühe-

  ren Jahrhunderten den Kahn des Schiffers den Pferdewagen des Fuhrmanns die Herden

  des Schäfers oder den Hof eines Bauern.   7 / ____

4. Setze den Satz fort, indem du vier Eigenschaften des Hundes auf dem Foto aufzählst. Setze dabei die Kommas, wie du es gelernt hast.

Der Hund auf dem Foto ist _____

_____ _____

2 / ____

und _____ .

Mögliche Punkte: 27 / deine erreichten Punkte: ____
Zur Kontrolle und Auswertung lies im Lösungsheft auf S. 37 nach.

Textquellenverzeichnis

(Die Ziffern in Klammern verweisen auf die Lösungsbeilage.)

S. 7: Ursel Scheffler: Der Ölfleck. Aus: Dies.: Kommissar Kugelblitz, Band 2: Die orangefarbene Maske, Franz Schneider Verlag 1982; **S. 10** (1 Lös.): Christian Morgenstern: Die drei Spatzen. Aus: Ders.: Gesammelte Werke, Piper Verlag, München 1993; **S. 18:** Ilse Bintig: Dominik und Löwenmähne (Auszug). Aus: Dies.: Dominik und Löwenmähne. Geschichten von Liebe, Wut und anderen Gefühlen, Georg Bitter Verlag, Recklinghausen 1992, S. 9 f.; **S. 23:** Hans Christian Andersen: Die Prinzessin auf der Erbse. Aus: Märchen von Hans Christian Andersen, Droemer, Berlin 1938, S. 355; **S. 27** (6 Lös.): Johann Wolfgang von Goethe: Ein großer Teich war zugefroren. Aus: Erich Trunz (Hg.): Goethes Werke, Bd. 1, Wegner Verlag, Hamburg 1958, S. 336; **S. 28:** Christian Morgenstern: Vogelscheuche. Aus: Maurice Cureau (Hg.): Christian Morgenstern. Werke und Briefe. Kommentierte Ausgabe. Band III Humoristische Lyrik, Urachhaus, Stuttgart 1990; **S. 29:** Erich Kästner: Besagter Lenz ist da. Aus: Ders.: Herz auf Taille, Deutscher Taschenbuch Verlag, München 1999, S. 26 f.; **S. 32:** Welches Tier passt zu mir? Aus: Geolino, Nr. 9/September 2009, S. 60 ff.; **S. 35:** Pakas: Die unbekannten Nager. Nach: Was ist was Magazin, 2/2009, S. 10 f., 13; **S. 36:** Pakas: Gut getarnt durch den Urwald. Nach: Was ist was Magazin, 2/2009, S. 12 f.; **S. 38:** Das Eichhörnchen. Aus: Biologie heute 1 G, von Erich Strauß, Joachim Dobers, Joachim Jaenicke, Schroedel, Hannover 1987; **S. 40** (9 Lös.): Der Hund. Aus: Biologie heute 1 G, von Erich Strauß, Joachim Dobers, Joachim Jaenicke, Schroedel, Hannover 1987; **S. 56** (16 Lös.): Welpen. Aus: Biologie heute 1 G, von Erich Strauß, Joachim Dobers, Joachim Jaenicke, Schroedel, Hannover 1987; **S. 59** (17 Lös.): Erich Kästner: Münchhausen. Vorwort zu: Des Freiherrn von Münchhausen wunderbare Reisen und Abenteuer zu Wasser und zu Lande. Nacherzählt von Erich Kästner, Atrium, Zürich 1951; **S. 64** (20 Lös.): Die ziemlich intelligente Fliege. Nach: James Thurber: 75 Fabeln für Zeitgenossen, Rowohlt, Reinbek bei Hamburg 1989, S. 8; **S. 67** (21 Lös.): Großer Schnauftest. Nach: F. A. Brockhaus AG in Leipzig: Kinderkalender 2002. Bibliographisches Institut, Lektorat Kinder- und Jugendbuch; **S. 68** (22 Lös.): Frau im Tresorraum vergessen. Nach: www.sowieso.de; **S. 75** (25 Lös.): Venus – eine Göttin mit zwei Sternen. Aus: F. A. Brockhaus AG in Leipzig: Kinderkalender 2002, Bibliographisches Institut, Lektorat Kinder- und Jugendbuch; **S. 79** (26 Lös.): Wer ist der Urahne des Hundes? Nach: Peter Teichmann: Hunde, Tessloff Verlag, Nürnberg 1994; **S. 81** (27 Lös.): Wie gut hören Hunde? Nach: Peter Teichmann: Hunde, Tessloff Verlag, Nürnberg 1994; **S. 87** (28 Lös.): Das Dromedar. Aus: Biologie heute 1 G, von Erich Strauß, Joachim Dobers, Joachim Jaenicke, Schroedel, Hannover 1987; **S. 89:** Die ersten Schiffe. Aus: Lexa Katrin von Nostiz: Wer? Was? Wann? Wie? Wo? Interessante Fragen – spannende Antworten, Tessloff Verlag, Nürnberg 1995, S. 129; **S. 92** (30 Lös.): Känguru geehrt. Text von Kristine Kretschmer und Annette Bässler aus: www.sowieso.de; **S. 92:** Igelkinder. Aus: D 5 Arbeitsbuch für den Literatur- und Sprachunterricht, hg. von Peter Kohrs, Schöningh Verlag, Paderborn 2003, S. 261; **S. 93** (30 Lös.): Die Eroberung des Weltalls. Aus: Lexa Katrin von Nostiz: Wer? Was? Wann? Wie? Wo? Interessante Fragen – spannende Antworten, Tessloff Verlag, Nürnberg 1995, S. 146 (gekürzt); **S. 98** (32 Lös.): Janosch: Das Liebesbrief-Ei. Aus: Hans Joachim Gelberg (Hg.): Überall neben dir. Gedichte für Kinder, Beltz & Gelberg, Weinheim und Basel 1989, S. 156; **S. 102** (33 Lös.): Josef Guggenmos: Besuch. Aus: Was denkt die Maus am Donnerstag? Beltz und Gelberg in der Verlagsgruppe Beltz, Weinheim/Basel 1998, S. 9; **S. 104** (34 Lös.): Martin Auer: Über die Erde. In: Hans Joachim Gelberg (Hg.): Überall neben dir. Gedichte für Kinder, Beltz & Gelberg, Weinheim und Basel 1986, S. 156; **S. 106, 107** (35 Lös.): Rudyard Kipling: Die Entstehung der Gürteltiere. Aus: Ders.: Geschichten für den allerliebsten Liebling, übersetzt von Irmela Brender, Dressler Verlag, Hamburg 1994.

Bildquellenverzeichnis

|Arco Images GmbH, Lünen: NPL 37. |Avenue Images GmbH, Hamburg: 33. |Blickwinkel, Witten: I. Van Haan 83; N. Dautel 75. |Carlsen Verlag GmbH, München: Andreas Steinhöfel, Rico, Oskar und die Tieferschatten 20. |DRK-Service GmbH Verlag, Berlin: © 2013 Deutsches Rotes Kreuz e.V./DRK-Service GmbH; Fotos: DRK e. V./S. Schleicher 14. |fotolia.com, New York: Af8images 63. |Fotostudio Henke, Paderborn: 85. |Jochen Tack Fotografie, Essen: 87. |juniors@wildlife Bildagentur GmbH, Hamburg: 92, 109; Menden/Geduldig 82; T. Rath/WWF 35. |Niederrheinische Verkehrsbetriebe AG NIAG, Moers: 11. |Picture-Alliance GmbH, Frankfurt/M.: Süddeutsche Zeitung Photo 14. |Reinhard-Tierfoto, Heiligkreuzsteinach: 79. |Stadt Hameln, Hameln: © Hameln Marketing und Tourismus GmbH 55. |Südverlag GmbH/UVK Verlagsgesellschaft, Konstanz: Aus: e.o. plauen „Vater und Sohn" in Gesamtausgabe Erich Ohser © Südverlag GmbH, Konstanz, 2000 42, 42, 42, 43, 46. |TV-yesterday, München: 93. |vario images, Bonn: 48. |VG BILD-KUNST, Bonn: 2015 59. |Vision Photos, Potsdam: 31. |Zoonar.com, Hamburg: Carola Schubbel 40.

Lesen und vorlesen – Lesetraining

Seite 5 **1.**

rasseln	Schreck	Wind
schnell	Nacht	Nebel
Herz	Mond	Sturm
plötzlich	Stern	meistens
Licht	Angst	Spaß
Fenster	sofort	schlafen
Weihnachten	Staub	Glas
Atem	Regenschirm	ziemlich

Seite 6 **6.** Um Mitternacht treffen wir uns im Baumhaus. Sei bitte ganz pünktlich. Bringe deine Taschenlampe mit.

Ich werde dir nachher das Geheimnis erzählen. Du wirst Augen machen.

Du darfst das Geheimnis auf keinen Fall weitererzählen. Du bist sonst in Gefahr.

Ich darf heute nicht im Baumhaus übernachten.

Du wirst es auch alleine schaffen. Jetzt kann es losgehen.

Seite 8 **2.** Die falschen Aussagen sind: A, D, E.

Seite 9 **3.** Die richtigen Aussagen sind:
- Herr Sanders ist der Kapitän der „Priscilla".
- In letzter Zeit sind mehrere Fälle von Ölverschmutzung gemeldet worden.
- Kommissar Kugelblitz nimmt die Ermittlungen sofort auf.
- Das Altöl wurde nachts in die Elbe abgelassen.

Seite 9 **4.** Schmitz behauptet, den Kapitän nicht zu kennen, der seinen Frachter gesehen haben will. Und doch nennt er den Namen des Kapitäns. Darüber hinaus möchte er, dass Kommissar Kugelblitz, wenn dieser wieder in Hamburg ist, Sanders etwas ausrichtet. Also hat er gesehen, dass die „Priscilla" flussaufwärts gefahren ist.

Seite 10 **2.** Christian Morgenstern
Die drei Spatzen

In einem leeren Haselstrauch / Da sitzen <u>drei Spatzen</u>, Bauch an Bauch. //	normale Stimme
Der Erich rechts und links der Franz / Und <u>mittendrin</u> der freche Hans. //	heitere Stimme
5 Sie haben die Augen zu, <u>ganz zu</u> / Und oben drüber, da schneit es, <u>hu</u>! //	ruhige Stimme
Sie rücken zusammen <u>dicht an dicht</u>, / So warm wie <u>der Hans</u> hat's niemand nicht. //	heitere Stimme
Sie hören alle drei ihrer Herzlein Gepoch / 10 Und wenn sie nicht weg sind, dann sitzen sie noch. //	fröhliche Stimme

Wann treffen wir uns im Bus? – Schaubilder verstehen

Seite 11 1. a) Linie 36 b) 26 c) Geldern – Sonsbeck – Xanten

Seite 12 2. a) S = Schultage / F = Ferientage / keine Angabe = Schul- + Ferientage
b) Montag bis Freitag (Samstag u. Sonntag kein Busverkehr)
c) A. nimmt an Schultagen am Geldener Markt um 7.20 Uhr den Bus und steigt um 7.36 Uhr an der Haltestelle Marienschule aus.
d) P. steigt an Schultagen an der Haltestelle Geldener Polizei um 7.23 Uhr ein.
e) A. = 14.10 Uhr Geldener Markt / P. = 14.13 Uhr Geldener Polizei. Dieser Bus kommt um 14.51 Uhr an der Haltestelle Xanten Schulzentrum an.
f) A. nimmt den Bus um 17.10 Uhr und P. steigt um 17.13 Uhr dazu.
g) A. nimmt am Ferientag um 13.14 Uhr den Bus an der Haltestelle Lessingstraße. Er kommt um 13.53 Uhr an der Haltestelle Xanten Bf. an.

Seite 15 2. **Als Erstes** prüft man, ob der Verletzte **bei Bewusstsein** ist (z. B. **durch Ansprechen und Anfassen**). Falls der Verletzte bei Bewusstsein ist, muss man dem Verletzten **je nach Situation** helfen (z. B. durch Anlegen eines Verbandes). **Eventuell** sollte über den Notruf weitere Hilfe geholt werden.
Sollte man feststellen, dass der Verletzte **nicht bei Bewusstsein** ist, muss man die **Atmung überprüfen**. Ist diese **normal**, bringt man den Verletzten **in die stabile Seitenlage**. Danach ruft man **mit dem Notruf** einen Krankenwagen und ärztliche Hilfe.
Wenn der Verletzte nicht bei Bewusstsein ist und man feststellt, dass die Atmung **nicht normal** ist, muss man **sofort** über den Notruf Hilfe bzw. einen Rettungswagen anfordern. Dann legt man den Verletzten **auf den Rücken** und leistet Erste Hilfe. Dazu führt man im **Wechsel Atemspende und Herz-Lungen-Wiederbelebung** durch. Mit beiden flachen Händen drückt man zuerst in kurzen Abständen **30 mal** kräftig auf die Brust des Verletzten. Danach beatmet man ihn zweimal **durch den Mund**. Dabei hält man seine Nase zu. Diese beiden Maßnahmen führt man dann weiter im **Wechsel** durch, bis **der Notarzt** eintrifft.

Liebe Anna! – Persönliche Briefe schreiben

Seite 16 1.

> Liebe Anna,   Stuttgart, 3.8.2010
> wie geht es dir? Mir geht es prima!
> Erst gestern bin ich von meinen Reiterferien am Bodensee nach Hause gekommen. Dort war es ganz toll. Es gab auf dem Reiterhof viele Pferde und Ponys. Ganz besonders mochte ich „Fliegender Stern". Das war ein Pony mit schwarz-weiß geflecktem Fell, ein richtiges Indianerpferd. Das hätte dir bestimmt auch gefallen. Einmal durfte ich in der Gruppe sogar ausreiten. Das war natürlich ganz klasse. Jeden Tag hatten wir zwei Reitstunden. So kann ich jetzt schon alleine ausreiten.
>
> **Wie waren deine Ferien? Bist du auch weggefahren oder hast du die Wochen zu Hause verbracht? Wie du siehst, bin ich sehr neugierig darauf, von dir zu hören. Hoffentlich sehen wir uns auch bald mal wieder.**
> **Viele liebe Grüße**
> *Tanja*

Seite 17 1. Mögliche Stichworte zu dem, was Tim erlebt hat, könnten sein:

- Ort und Zeit:
  - Ostsee, Sommerferien, Strand in Stralsund
- Personen:
  - Tim, Eltern, Seenotrettungsdienst, Jugendlicher im Meer

- Handlung:
  - Jugendlicher schwimmt trotz Badeverbot heraus.
  - Tim sieht ihn nicht mehr und alarmiert seine Eltern.
  - Diese rufen den Rettungsdienst.
  - Schwierige Rettungsaktion, der Jugendliche ertrinkt fast.
  - Der Jugendliche wird gerettet.
  - Tim ist der Held des Tages.

Seite 17 **2.** Ein möglicher Brief könnte so aussehen:

Hallo Mirko,   Stralsund, 01.08.2010

na, wie geht es dir so zu Hause in den Ferien? Unser Urlaub an der Ostsee hat gerade angefangen. Ich schreibe dir jetzt schon, weil ich gestern etwas Irres erlebt habe.

Es war ein sonniger, aber etwas windiger Tag, trotzdem sind wir, meine Eltern und ich, zum Strand gegangen. Das Meer war total wild und man durfte nicht baden. Der Rettungsdienst hatte überall rote Fahnen mit der Warnung „Badeverbot" gehisst.

Wir setzten uns und schauten auf die hohen Wellen. Da sah ich auf einmal einen Jungen zwanzig Meter weit in der Ostsee draußen. Er winkte mit beiden Armen. Immer weiter entfernte er sich. Ich dachte erst, er macht Spaß. Und dann kamen zwei Wellen. Er tauchte darin ein und auf einmal sah ich ihn nicht mehr. Sofort sagte ich meinen Eltern, dass ich den Jungen gesehen habe und er jetzt verschwunden ist.

Mein Vater nahm sein Handy und alarmierte den Rettungsdienst. Zusammen mit den Männern des Rettungsdienstes liefen wir den Strand hinunter. Sie fuhren mit ihrem Rettungsboot in die Richtung, die ich ihnen zeigte. Minutenlang geschah gar nichts. Ab und zu tauchte der Kopf des Jungen auf. Das Rettungsboot wurde aber immer wieder abgetrieben. Es dauerte zwanzig Minuten, ehe der Junge von den Männern in das Boot gezogen werden konnte. Mit dem völlig erschöpften Jungen kamen sie an den Strand zurück.

Der erschöpfte Junge war überglücklich und bedankte sich tausend Mal bei mir. Ohne mich wäre er bestimmt ertrunken. Inzwischen kam sogar ein Reporter von der Zeitung. Er hat ein Foto von mir gemacht und will einen Bericht über die Rettungsaktion schreiben. Ich zeige dir den Artikel, wenn wir wieder zu Hause sind.

So, das war es erst einmal von mir. Hast du auch etwas Besonderes in deinen Ferien erlebt? Schreib mir doch auch.

Bis bald

dein Tim

Seite 17 **3.** Überprüfe mithilfe der Lernbox auf S. 16, ob dein Brief die richtige Form hat und alle Bausteine eines Briefes enthält. Verbessere und überarbeite ihn eventuell.

Von Löwenmähnen und Nudeln – Geschichten erschließen

Seite 18 **1.** Abschnitt 1 = Bild 3   Abschnitt 3 = Bild 4
Abschnitt 2 = Bild 1   Abschnitt 4 = Bild 2

Seite 19 **2.** Beispiele:
- Muss Ilona denn immer so angeben?
- Die kann heute was erleben.
- Mit „Löwenmähne" kann man sie richtig aufziehen.
- Mal sehen, ob sie sich wieder so ärgert wie das letzte Mal.

Seite 19 **3.** Beispiel:

Warum reagiert Ilona so agressiv und genervt auf mich? Eigentlich will ich ihr doch nur zeigen, dass ich sie ganz gerne mag! So schöne blonde Haare hat sonst kein Mädchen auf der ganzen Schule. Wenn ich sie auf dem Schulhof sehe, spüre ich immer ein leichtes Kribbeln im Bauch. Aber ich kann doch nicht einfach zu ihr gehen und sagen: „Du, ich mag dich!" – Das wäre doch voll peinlich! Die ist aber machmal auch richtig zickig. Anstatt sich zu freuen, dass ich gerne in ihrer Nähe bin, macht sie den Riesenaufstand! Typisch Mädchen eben! Vielleicht muss ich mir eine andere Taktik überlegen, wie ich sie auf mich aufmerksam machen kann ...

Seite 19 **4.** Beispiel:

... In der großen Pause kann er mich nie in Ruhe lassen! Warum muss er mich immer vor den anderen „Löwenmähne" nennen? Was kann ich denn dafür, dass ich so strubbeliges Haar habe? Manchmal nervt mich das ja selbst, wenn ich es morgens mit der Bürste kaum bändigen kann. Aber muss der auch noch ständig darauf herumreiten? Das finde ich so richtig gemein! Warum ärgert der eigentlich ausgerechnet immer mich? Nicht einmal in Ruhe spielen lässt er mich! Ständig taucht er in meiner Nähe auf, nimmt mir beim Spielen den Ball weg, knufft mich, wann es nur geht, und scheint noch seinen Spaß dabei zu haben! Ein richtiger Blödmann ist das!! Ob ich ihn wohl fragen soll, was er eigentlich von mir will, oder sollte ich alles einfach der Lehrerin petzen, damit ich endlich meine Ruhe habe? Darüber muss ich noch einmal schlafen. So kann es auf keinen Fall weitergehen. Der verdirbt mir sonst noch den ganzen Spaß in der Schule ...

Gute Nacht, liebes Tagebuch!
Deine Ilona

Seite 20 **1.** S. die Lösung zu Seite 22, Aufgabe 3.

Seite 21 **2.** Passende Adjektive für Herrn Fitzke sind:
unhöflich, spontan, unordentlich, launisch, ungepflegt, träge, bequem, direkt, faul.

Seite 22 **3.**

Herr Fitzke	
Äußere Merkmale	**Lebensumstände**
• alt • sieht noch älter aus, als er ist (Z. 20) • dunkelblauer Schlafanzug mit Längsstreifen (Z. 6–7) • Knittergesicht (Z. 7) • strähnige graue Haare, die in alle Richtungen stehen (Z. 8–9) • Bartstoppeln (Z. 8) • ungepflegt (Z. 10)	• wohnt in einem alten Mehrfamilienhaus • seine Wohnung riecht muffig (Z. 11) • seine Klingel ist kaputt (Z. 2) • ist Rentner
Eigenschaften	**Verhalten**
• ist herzkrank und kommt deshalb schnell aus der Puste (Z. 27–29) • trägt immer nur denselben Schlafanzug (Z. 6–7) • ist schlecht gelaunt (Z. 17, Z. 35)	• unfreundlich, genervt (Z. 17, Z. 35–37) • schlurft langsam herum (Z. 5)

4

Beziehung zu Rico und anderen
• lässt Rico nicht in seine Wohnung, weil er ihn nicht leiden kann (Z. 15–16)
• hält Rico für einen „Schwachkopf" (Z. 17)
• reagiert wütend und abweisend (Z. 13–15, Z. 17)

Seite 22 **4.** Eine mögliche Figurenbeschreibung von Herrn Fitzke könnte so lauten:

Die Figur Herr Fitzke in dem Jugendbuch „Rico, Oskar und die Tieferschatten" von Andreas Steinhöfel ist ein alter Mann. Er wohnt in dem gleichen Mehrfamilienhaus wie Rico. Seine Wohnung ist allerdings muffig, dreckig und unordentlich. Anscheinend ist Herr Fitzke Rentner, er hat zumindest keine Arbeit, da er meistens zu Hause ist. Dies hat vielleicht auch damit zu tun, dass er seit seiner Kindheit an einer Herzkrankheit leidet. So ist er schnell außer Puste, wenn er sich anstrengt.
Äußerlich fällt Herr Fitzke dadurch auf, dass er immer den gleichen dunkelblauen Schlafanzug mit grauen Längsstreifen trägt. Er trägt ihn sogar, wenn er einkaufen geht. Überhaupt wirkt er sehr schmuddelig. Er sieht älter aus, als er ist. Sein Knittergesicht ist voller Bartstoppeln und seine Haare sind grau, strähnig und stehen vom Kopf ab. Auffallend ist weiter, dass er sich sehr langsam und träge bewegt.
Weiter ist er sehr unhöflich. Er beschimpft Rico, den er gar nicht mag, als Schwachkopf oder sagt zu ihm, er solle sich einmal ein Gehirn kaufen. Außerdem ärgert er sich schnell und wird schnell wütend. Als Rico ihn z. B. fragt, ob die Nudel seine sei, verdreht er die Augen und man merkt, dass er vor Wut platzen möchte. Er isst die Nudel dann einfach auf, weil es ihm Spaß macht, Rico zu ärgern und schlägt sofort die Tür zu. Er will also, dass man ihn in Ruhe lässt. Zu seiner Nachbarin Frau Dahling ist er freundlicher. Er hat ihr z. B. davon erzählt, dass er seit seiner Kindheit eine Herzschwäche hat.
Ich finde Herrn Fitzke äußerst unsympathisch. Er ist ungepflegt, unhöflich und humorlos. Außerdem ist er gemein gegenüber Rico. Herr Fitzke sollte Rico nicht beschimpfen und mehr Verständnis für seinen Tick mit den Nudeln zeigen.

Komm mit in eine andere Welt – Märchen

Seite 24 **2.** a) richtig
b) falsch: Der Prinz lernt viele Prinzessinnen kennen, er weiß aber nicht, ob sie echt sind.
c) falsch: Während eines schlimmen Gewitters stand eine Prinzessin vor dem Tor.
d) falsch: Die Prinzessin schläft in einem Bett, unter dem eine Erbse liegt.
e) richtig
f) falsch: Die Prinzessin hat braune und blaue Flecken, weil sie eine Erbse gedrückt hat.
g) richtig

Seite 26 **1.**

Märchenmerkmale	Beispiele aus dem Märchen „Die Prinzessin auf der Erbse"
formelhafter Anfang	Es war einmal ...
Notlage/Aufgabe am Märchenanfang	Der Prinz sucht nach einer „wahren" Prinzessin, weiß aber nicht, wie er diese unter den anderen Prinzessinnen finden soll.
besondere Wesen/ Gegenstände	Die Erbse, die unter zwanzig Matratzen liegt, wird noch gespürt.

Märchenmerkmale	Beispiele aus dem Märchen „Die Prinzessin auf der Erbse"
gutes Ende/ Belohnung	Die Prinzessin wird als wahre Prinzessin erkannt. Nach dem Test, der beweist, dass die Prinzessin die Wahrheit gesagt hat, wird sie die Gemahlin des Prinzen.
formelhaftes Ende	Wo sie noch zu sehen ist, wenn sie nicht gestohlen wurde ...

Vers, Strophe, Reim – Gedichte untersuchen

Seite 27

	richtig	falsch
Ein großer Fluss hat eine dicke Eisschicht.		X
In dem Teich leben viele Tiere.		X
Die Frösche sind traurig, weil sie nicht an die Oberfläche des Teiches können.	X	
Die Frösche möchten gerne wie Nachtigallen singen, wenn das Eis auf dem Teich geschmolzen ist.	X	
Die Frösche wollen wie Stare singen.		X
Die warme Luft lässt das Eis schmelzen.	X	
Als der Teich aufgetaut war, sangen die Frösche nicht, sondern quakten.	X	

Seite 28 **2.** Das Gedicht mit dem Titel **„Ein großer Teich war zugefroren"** von **Johann Wolfgang von Goethe** besteht aus **einer Strophe** mit **zehn Versen**.

Seite 28 **3.** Johann Wolfgang von Goethe
Ein großer Teich war zugefroren

Ein großer Teich war zugefroren; a ⎤ Paarreim
Die Fröschlein, in der Tiefe verloren, a ⎦
Durften nicht ferner quaken noch springen, b ⎤
Versprachen sich aber, im halben Traum: c ⎤
5 Fänden sie nur da oben Raum, c ⎦   umarmender Reim
Wie Nachtigallen wollten sie singen. b ⎦
Der Tauwind kam, das Eis zerschmolz, d ⎤ Paarreim
Nun ruderten sie und landeten stolz d ⎦
Und saßen am Ufer weit und breit e ⎤
10 Und quakten wie vor alter Zeit. e ⎦ Paarreim

Seite 28 **4.** **Der Mai ist süß?**

Der Frühling ist nun richtig **da**.
Und alles ist so **wunderbar**.
Die Pflanzen atmen wieder **auf**.
5 Das Leben nimmt nun seinen **Lauf**.

Jetzt sind die Bäume wieder **grün**.
Die Blumen duften und sie **blühn**.
Dem Dachs im Wald (schon **aufgewacht**).
Die Sonne warm entgegen**lacht**.

10 Der Bauer spritzt mit viel **Chemie**.
Ans Morgen denkt er dabei **nie**.
Wenn auch der Fink im Baume **singt**.
So riecht man doch den Müll, der **stinkt**.

Der Mai ist süß?
Der Mai ist mies!

Seite 28 5.   Antwort: Paarreim

Seite 28 6.   Mögliche Lösung:

Der Mai wird als mies bezeichnet, weil die Landwirte viele schädliche Chemikalien benutzen. Die Menschen schädigen gerade am Frühlingsanfang die Natur durch Dünger und andere Gifte.

Seite 29 1.   V. 1: „Der Frühling kommt in Gang." = Personifikation
               V. 2: „Die Bäume räkeln sich." = Personifikation
               V. 2: „Die Fenster staunen." = Personifikation
               V. 3: „Die Luft ist weich, als wäre sie aus Daunen." = Vergleich
               V. 8: „Die Sonne habe kleine, warme Hände und krabble ihr mit diesen auf der Haut." = Personifikation
               V. 14: „Und in den Adern rollt's wie süße Sahne." = Vergleich
               V. 15: „Am Himmel tanzen blanke Aeroplane." = Personifikation
               V. 19: „Die Welt wird frisch gestrichen!" = Personifikation
               V. 26: „Die Sonne heizt und nimmt am Winter Rache." = Personifikation

Seite 30 2.

Sprachliche Bilder	Erklärung
Der Frühling kommt in Gang. (V. 1)	Der Frühling beginnt.
Die Bäume räkeln sich. (V. 2)	Die Bäume wachsen wieder und bekommen frische Blätter.
Die Fenster staunen. (V. 2)	Alles erwacht zum Leben, überall blüht und wächst es. Dies ist nach dem Winter erstaunlich.
Die Sonne habe kleine, warme Hände und krabble ihr mit diesen auf der Haut. (V. 7/8)	Die Menschen genießen die Wärme des ersten Frühlingssonnenscheins.
Und in den Adern rollt's wie süße Sahne. (V. 14)	Auch die Menschen fühlen sich wie die Natur durch den Frühlingsanfang neu belebt.
Am Himmel tanzen blanke Aeroplane. (V. 15)	Der Frühling lässt alles fröhlicher erscheinen, auch die Flugzeuge glänzen am Himmel.
Die Welt wird frisch gestrichen! (V. 19)	Alles erwacht zu neuem Leben: Die Natur wächst und blüht. Die Menschen freuen sich und sind glücklich.
Die Sonne heizt und nimmt am Winter Rache. (V. 26)	Der Frühling bringt Wärme und vertreibt den Winter.

Von Pakas und anderen Tieren – mit Sachtexten umgehen

Seite 32/33 | **1./2.**

Sinnabschnitt (Zeilenangabe)	Überschrift des Sinnabschnitts
Z. 1–5	Vorteile von Haustieren für Kinder
Z. 5–13	Geeignete Haustiere für Kinder
Z. 13–19	Tiere, die man nicht halten darf
Z. 19–28	Aufgaben der Eltern
Z. 28–37	Platz, den Haustiere brauchen
Z. 37–41	Viele Tiere brauchen Gesellschaft
Z. 41–46	Vorteile von Haustieren aus dem Tierheim

Seite 34 | **4.**

a) Es ist gut, wenn Kinder ein Haustier haben. Sie lernen durch die Pflege des Tieres, Verantwortung zu übernehmen. Ihr Einfühlungsgefühl wird gefördert und das Haustier kann als Kummerkasten dienen.

b) Man darf Wildtiere (z. B. Igel) und viele exotische Tiere nicht halten.

c) Fische, Schildkröten, Meerschweinchen und Kaninchen lassen sich gut in einer Wohnung halten.

d) Man muss darauf achten, dass man die Tiere regelmäßig aus dem Käfig oder Terrarium nimmt und sie im Zimmer laufen lässt.

e) Bei der Wahl eines Haustieres muss man darauf achten, dass viele Tiere Gesellschaft brauchen. Sie verkümmern innerlich, wenn sie keine Artgenossen um sich haben.

f) Haustiere aus dem Tierheim haben die Vorteile, dass den Tieren ein besseres Leben ermöglicht wird. Sie sind garantiert gesund und geimpft. Oft können sich Mensch und Tier zur Probe kennenlernen.

Seite 35 | **1.**

Sinnabschnitt (Zeilenangabe)	Überschrift des Sinnabschnitts
Z. 1–6	Allgemeines
Z. 7–13	Aussehen und Lebensraum
Z. 14–17	Pakas im Zoo

Seite 36 | **3./4.**

Aussage	wahr	falsch	Zeile
Pakas erinnern an übergroße Mäuse.		X	Z. 2
Pakas sind zwölf Kilogramm schwer und haben ein braun-weißes Fell.	X		Z. 8 + Z. 9–10
Die Heimat der Pakas sind die tropischen Wälder Südafrikas.		X	Z. 11
In Deutschland leben nur zwei Pakas.	X		Z. 14
Die beiden Exemplare leben im Berliner Tierpark.	X		Z. 14–16
In einem Zoo in Österreich leben noch weitere Pakas.		X	Z. 17

Seite 36 | **5.**

Beispiele für mögliche Überschriften:
- Abschnitt 1 = Warnsignal der Pakas
- Abschnitt 2 = Fluchtverhalten der Pakas
- Abschnitt 3 = Tarnverhalten der Pakas
- Abschnitt 4 = Pakas sind Einzelgänger

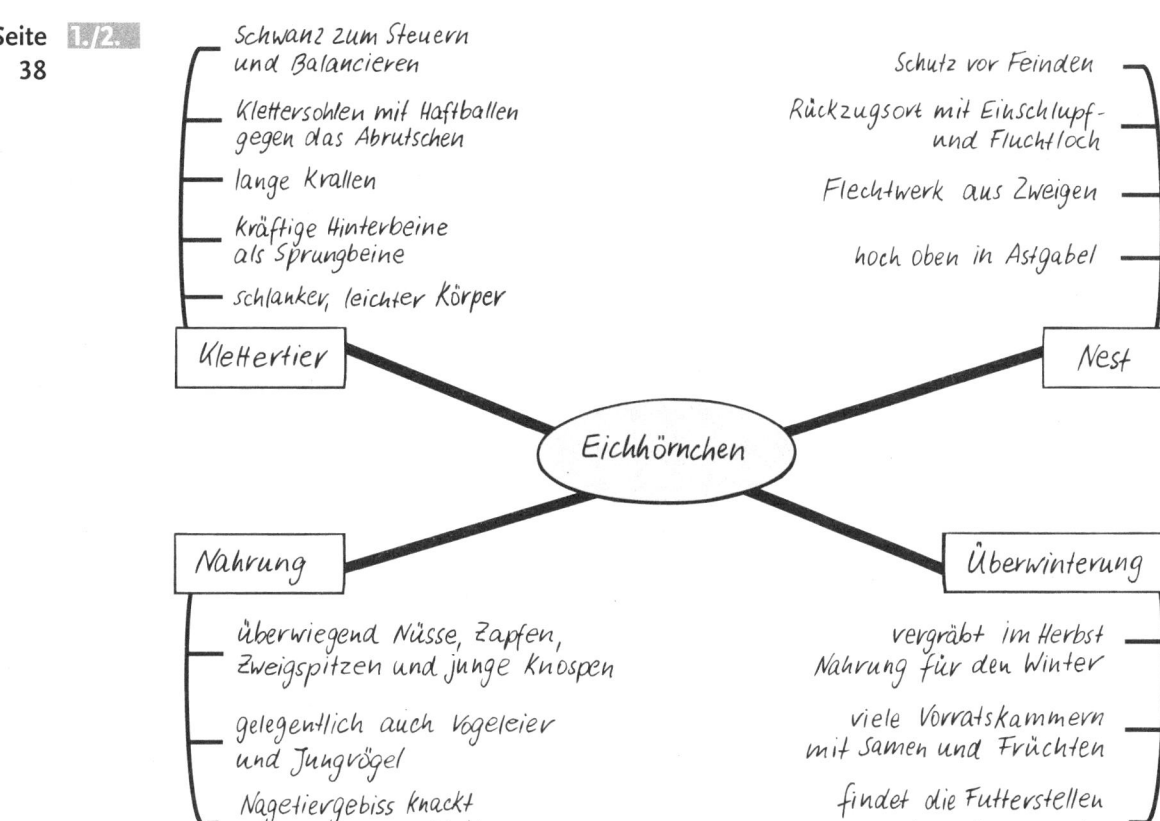

Schwanz zum Steuern und Balancieren

Klettersohlen mit Haftballen gegen das Abrutschen

lange Krallen

kräftige Hinterbeine als Sprungbeine

schlanker, leichter Körper

Klettertier

Schutz vor Feinden

Rückzugsort mit Einschlupf- und Fluchtloch

Flechtwerk aus Zweigen

hoch oben in Astgabel

Nest

Eichhörnchen

Nahrung

überwiegend Nüsse, Zapfen, Zweigspitzen und junge Knospen

gelegentlich auch Vogeleier und Jungvögel

Nagetiergebiss knackt die härtesten Schalen

Überwinterung

vergräbt im Herbst Nahrung für den Winter

viele Vorratskammern mit Samen und Früchten

findet die Futterstellen auch unter einer Schneedecke

Der Hund

Wie ist es möglich, dass ein Hund <u>Drogen aufspüren</u> oder einen <u>bestimmten Menschen wiederfinden</u> kann? Seinen Herrn riecht er selbst im dichtesten Menschengewühl. Wir könnten eine bestimmte Person auf diese Weise nicht erkennen. Der Hund besitzt einen viel (besseren Geruchssinn) als der Mensch. <u>Beim Schnüffeln</u> nimmt er mit der eingesogenen Luft <u>Duftstoffe auf,</u> nach denen er sich orientiert. Diese <u>Witterung</u> führt ihn zum Beispiel bei der Fährtensuche zum Ziel. Der Hund kann auch viel (besser hören) als wir. Schon von Weitem <u>erkennt</u> er den Schritt seines <u>Herrn, ohne ihn zu sehen.</u> Er reagiert außerdem auf sehr hohe Töne, die wir nicht mehr wahrnehmen können.

Sinne
– besserer Geruchssinn Beispiele: Drogen aufspüren, Menschen wiederfinden
– Witterung über Duftstoffe
– besseres Gehör Beispiele: erkennt Herrchen am Schritt, reagiert auf sehr hohe Töne

Wenn der Hund im Gelände tollt, zeigt er seine „wahre" Natur. Spürt er einen Hasen oder ein anderes Beutetier auf, so hetzt er in weiten Sprüngen hinterher. Man bezeichnet ihn deshalb als <u>Hetzjäger.</u> Wird ein Stück Papier vom Wind aufgewirbelt, so packt der Hund meist sofort zu und schüttelt sich die „Beute" um die Ohren. Dieses „<u>Tot-schütteln</u>" und auch das Hetzen deuten darauf hin, dass der Hund ein (Raubtier) ist.

Raubtier
– wahre Natur = Hetzjäger
– Jagdverhalten: Beute hetzen und totschütteln

Am (Skelettbau) erkennst du, warum der Hund leichtfüßig und schnell laufen kann. Er besitzt kräftige Laufbeine und tritt nur mit den Zehen auf. Er ist ein Zehengänger. Wo der Fuß den Boden berührt, befinden sich polsterartige Ballen. Sie sind mit harter Hornhaut überzogen und schützen den Fuß vor Verletzungen. Seine Krallen sind kurz und stumpf und können nicht eingezogen werden.

Hast du schon einmal einen Hund beim Fressen genau beobachtet? Sein (Gebiss) ist so beschaffen, dass er damit Fleischbrocken zerteilen und harte Knochen mühelos „bearbeiten" kann. In diesem (Raubtiergebiss) fallen besonders die langen, dolchartigen Eckzähne oder Fangzähne auf. Sie halten das Fleischstück fest. Mit den gezackten, scharfen Backenzähnen zerreißt und zerkleinert er das Fleisch. Die stärksten Backenzähne heißen Reißzähne. Sie gleiten mit den übrigen Backenzähnen wie Blätter einer Schere aneinander vorbei.

Skelettbau
– kräftige Laufbeine
– Zehengänger

Raubtiergebiss
– dolchartige Eckzähne der Fangzähne

– Reißzähne

Seite 41 **5.** Richtig sind die Aussagen: A, C, C, B.

Seite 41 **6.**

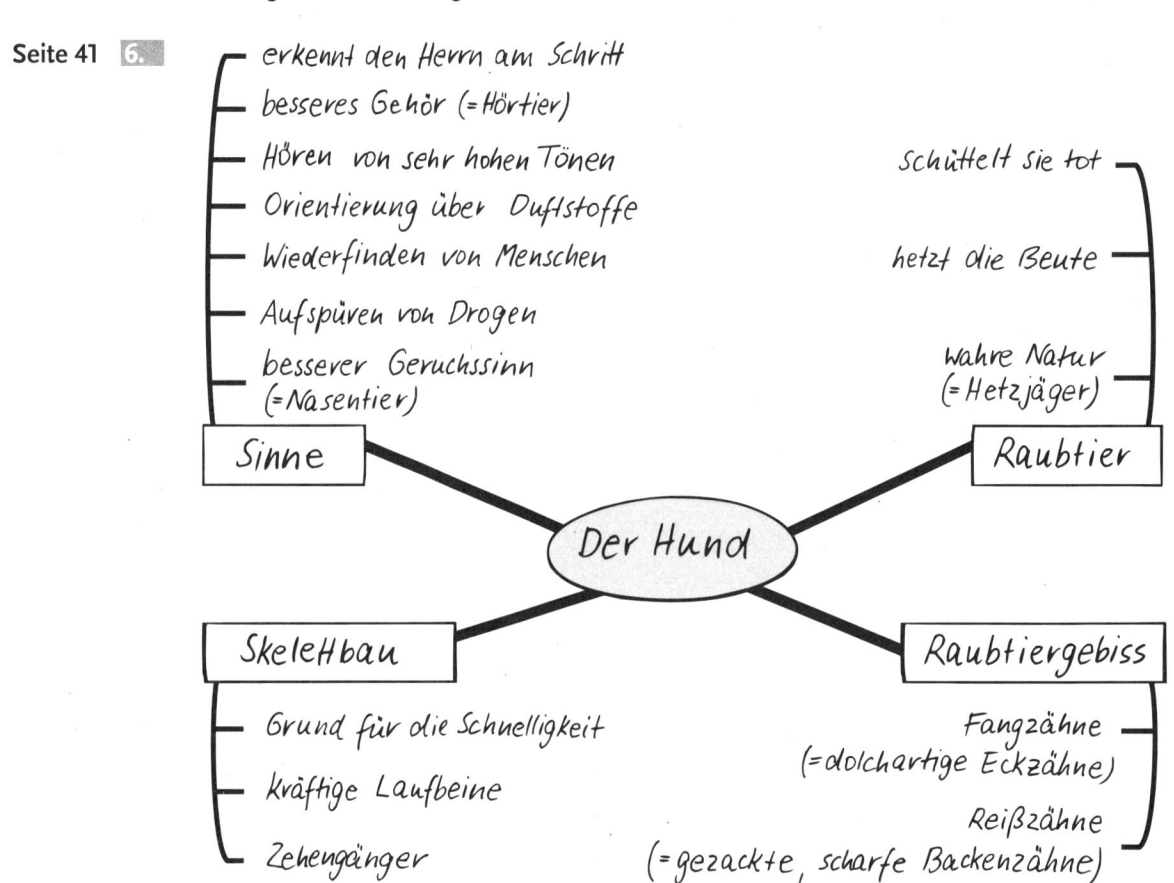

Geschichten von Vater und Sohn – Geschichten erzählen
==

Seite 42 **1.** Die Bilder stehen in der Reihenfolge 5-6-1-3-2-4.

Seite 42 **2.** Bild 5:
Vater und Sohn holen Fischfutter. Der Vater schiebt die Schubkarre voller Fisch.
Bild 6:
Vater und Sohn stehen mit entsetztem Gesicht vor dem Haus. Das Haus ist kaputt. Der Fisch bringt das Haus zum Platzen.

Bild 1:
bereits vorgegeben
Bild 3:
Vater und Sohn wundern sich über das enorme Wachsen des Fisches. Der Fisch passt nicht mehr ins Glas. Der Fisch sitzt auf dem Glas und grinst Vater und Sohn an.
Bild 2:
Vater und Sohn haben den Fisch zu Hause in ein Glas gesetzt. Sie schauen den Fisch zufrieden an.
Bild 4:
Der Fisch ist so riesig geworden, dass er in die Badewanne umgesetzt worden ist. Vater und Sohn füttern den Fisch mit einem Eimer voller Fisch.

Seite 43 1.
- Wo?   = am Hafen
- Wann?   = im letzten Urlaub
- Wer?   = Vater, Sohn, Fischer
- Was? (Ausgangssituation) = Vater und Sohn sind im Urlaub. Ein Fischer bietet
  ihnen einen Fisch zum Kauf an. Der Sohn will den
  Fisch unbedingt haben und überredet seinen Vater,
  dem Fischer den Fisch abzukaufen.

- Was die Figuren sagen könnten:
  – Sohn: „So ein schöner Fisch! Bitte, Papa, lass uns ihn kaufen."
  – Sohn: „Kann ich den Fisch haben? Bitte, Papa!"
  – Vater: „So ein Fisch muss regelmäßig gefüttert werden. Ich weiß nicht, ob das eine gute Idee ist."
  – Fischer: „Das ist ein ganz besonderer Fisch. Sie werden viel Freude an ihm haben."

Seite 43 2.
Ich ging mit meinem Vater an unserem letzten Tag im Urlaub an der See am Hafen spazieren. Dort begegneten wir einem Fischer. Der Fischer hatte ein Glas, in dem ein kleiner Fisch schwamm, in der Hand. Mein Vater schaute sich den Fisch genauer an. Der Fischer sagte: „Der Fisch ist zu verkaufen. Möchtet ihr ihn haben?" Sofort bettelte ich: „Kann ich den Fisch haben? Bitte, Papa!" „So ein Fisch muss regelmäßig gefüttert werden. Ich weiß nicht, ob das so eine gute Idee ist", antwortete mein Vater. Der Fischer wandte sich an meinen Vater und sagte: „Das ist ein ganz besonderer Fisch. Sie werden viel Freude an ihm haben." „So ein schöner Fisch! Bitte, Papa, lass uns ihn kaufen!", drängelte ich weiter. Hätte ich nur meinen Mund gehalten, dann wäre alles nicht passiert. So gab mein Vater schließlich nach und kaufte den Fisch. Noch vergnügt fuhren wir am nächsten Tag mit dem Fisch im Gepäck nach Hause. Kurz darauf begann das große Durcheinander …

Seite 44 1.
Die Sprechblasen sind folgenden Bildern zuzuordnen:
A = Bild 3, B = Bild 5, C = Bild 2, D = Bild 4

Seite 44 2.
Mögliche weitere Äußerungen von Vater und Sohn:
- Zu A: „Oh je, was machen wir nun?"
- Zu B: „Das hoffe ich auch. Sonst müssen wir noch einmal los und noch mehr Futter holen."
- Zu C: „Stimmt. Schön, dass er sich so wohl bei uns fühlt."
- Zu D: „Und er ist schon so groß. Was machen wir, wenn er nicht mehr in die Badewanne passt?"

Seite 45 3.
Bild 2: Zu unserer Überraschung war der Goldfisch inzwischen beachtlich gewachsen. Er benötigte inzwischen immer mehr Platz und füllte jetzt fast das ganze Glas aus.
Bild 3: Zunächst stellten wir fest, dass das Glas auf einmal viel zu klein für den Fisch war.

Bild 4: Wer hätte gedacht, dass ein Goldfisch so viel fressen kann. Er verspeiste mittlerweile einen ganzen Eimer voll frischen Fisch, den wir jeden Tag besorgen mussten.
Bild 5: Über Nacht war der Fisch so riesig geworden, dass er ein neues Heim bekam. Stöhnend und schwitzend schleppten wir ihn ins Badezimmer und setzten ihn dort in die gefüllte Badewanne.
Bild 6: Entsetzt standen wir vor dem Haus. Der Fisch wuchs und wuchs. Das Haus platzte aus allen Nähten. Dort, wo früher die Wände waren, schauten der Kopf und der Schwanz des Fisches heraus. Unfassbar, er hatte unser Haus zerstört.

Seite 46 **4.** Mögliche Gedanken von Vater und Sohn:
- „Oh nein! Das ganze Haus ist zerstört."
- „Was ist nur mit dem Fisch los? Er füllt das ganze Haus mit seinem Körper aus."
- „Was sollen wir nun machen?"
- „Wie konnte der Fisch nur so riesig werden?"
- „Hätt' ich meinem Sohn bloß nicht diesen Fisch gekauft!"
- „Hätten wir nur auf die Warnung des alten Fischers gehört!"

Seite 46 **5.** Umschreibungen für die Gefühle des Vaters:
Sein Gesicht lief rot an vor Ärger.
- Er brachte keinen Ton mehr heraus.
- ...

Umschreibungen für die Gefühle des Sohnes:
- Mein Herz stand still.
- Ich war wie gelähmt.
- Wie eine Salzsäule stand ich erstarrt da.
- ...

Im „Haus der Sprache" – Wortarten kennen

Seite 47 **1.** Nomen/Substantive sind:
der Zirkus, der Elefant, das Pferd, die Kuppel, die Trapezkünstlerin, der Sitzplatz, der Zuschauer, der Direktor.

Seite 47 **2.** **Das Wettertier**
Wie sich das Wetter entwickeln wird, erfahren die Menschen normalerweise bei der Wettervorhersage des Fernsehens. In einer (amerikanischen) Stadt fragen die Bürger aber das Murmeltier Phil, wenn sie wissen wollen, ob bald der Frühling kommt. Früh an einem Februartag besuchen sie das Pelztier. Es wird aus einem Baumstamm geholt und in die Sonne gehalten. Sieht es den (eigenen) Schatten, dauert der Winter noch an.

Das Wetterhäuschen (Sg)

Wieder stehen <u>Schüler</u> (Pl) und <u>Schülerinnen</u> (Pl) vor der <u>Tür</u> (Sg) und beobachten interessiert das <u>Wetterhäuschen</u> (Sg) an ihrer <u>Schule</u> (Sg). Wer kommt heute heraus? Ist es die <u>Frau</u> (Sg) im <u>Sommerkleid</u> (Sg) oder der <u>Mann</u> (Sg) mit dem <u>Regenschirm</u> (Sg)? Ein <u>Haarstrang</u> (Sg) im <u>Häuschen</u> (Sg) reagiert sehr empfindlich auf <u>Veränderungen</u> (Pl) der <u>Luftfeuchtigkeit</u> (Sg), verdreht sich dabei und verändert seine <u>Lage</u> (Sg). Dadurch wird bei <u>Trockenheit</u> (Sg) die <u>Frau</u> (Sg) und bei <u>Feuchtigkeit</u> (Sg) der <u>Mann</u> (Sg) bewegt. Die <u>Kinder</u> (Pl) jubeln, als sich die erhoffte <u>Figur</u> (Sg) nach vorne schiebt. Sicher gibt es jetzt hitzefrei.

das Wetterhäuschen (Sg) – die Wetterhäuschen (Pl); die Schüler (Pl) – der Schüler (Sg), die Schülerinnen (Pl) – die Schülerin (Sg); die Tür (Sg) – die Türen (Pl); das Wetterhäuschen (Sg) – die Wetterhäuschen (Pl); die Schule (Sg) – die Schulen (Pl); die Frau (Sg) – die Frauen (Pl); das Sommerkleid (Sg) – die Sommerkleider (Pl); der Mann (Sg) – die Männer (Pl); der Regenschirm (Sg) – die Regenschirme (Pl); der Haarstrang (Sg) – die Haarstränge (Pl); die Veränderungen (Pl) – die Veränderung (Sg); die Luftfeuchtigkeit (Sg) – kein Pl; die Lage (Sg) – die Lagen (Pl); die Trockenheit (Sg) – die Trockenheiten (Pl); die Frau (Sg) – die Frauen (Pl); die Feuchtigkeit (Sg) – kein Pl; der Mann (Sg) – die Männer (Pl); die Kinder (Pl) – das Kind (Sg); die Figur (Sg) – die Figuren (Pl)

~~Sand~~, Mädchen, ~~Zucker~~, Buch, Kind, Fass, Bleistift, Freund, ~~Salz~~, Frau, Sandkorn, ~~Liebe~~, ~~Regen~~, ~~Schnee~~, ~~Essig~~, Freundschaft, ~~Friede~~, ~~Pfeffer~~

der Stern	der Mond	das Gewitter	die Nacht
die Blume	der Baum	der Busch	das Gras
die Tafel	der Schwamm	die Kreide	das Wasser
das Auto	der Wagen	die Leiter	die Eisenbahn
der Ball	die Puppe	das Spiel	das Kuscheltier

Maskulinum	Femininum	Neutrum
der Stern	die Nacht	das Gewitter
der Mond	die Blume	das Gras
der Baum	die Tafel	das Wasser
der Busch	die Kreide	das Auto
der Schwamm	die Leiter	das Spiel
der Wagen	die Eisenbahn	das Kuscheltier
der Ball	die Puppe	

Kasus	Singular	Plural
Nominativ	der Bleistift	die Bleistifte
Genitiv	des Bleistifts	der Bleistifte
Dativ	dem Bleistift	den Bleistiften
Akkusativ	den Bleistift	die Bleistifte

Kasus	Singular	Plural
Nominativ	die Tasche	die Taschen
Genitiv	der Tasche	der Taschen
Dativ	der Tasche	den Taschen
Akkusativ	die Tasche	die Taschen

Kasus	Singular	Plural
Nominativ	das Heft	die Hefte
Genitiv	des Hefts	der Hefte
Dativ	dem Heft	den Heften
Akkusativ	das Heft	die Hefte

Seite 50 **2.**

Löffel	Gabel	Messer
der Löffel (Nominativ),	die Gabel (Nominativ),	das Messer (Nominativ),
des Löffels (Genitiv),	der Gabel (Genitiv),	des Messers (Genitiv),
dem Löffel (Dativ),	der Gabel (Dativ),	dem Messer (Dativ),
den Löffel (Akkusativ);	die Gabel (Akkusativ);	das Messer (Akkusativ);
die Löffel (Nominativ),	die Gabeln (Nominativ),	die Messer (Nominativ),
der Löffel (Genitiv),	der Gabeln (Genitiv),	der Messer (Genitiv),
den Löffeln (Dativ),	den Gabeln (Dativ),	den Messern (Dativ),
die Löffel (Akkusativ)	die Gabeln (Akkusativ)	die Messer (Akkusativ)

Seite 51 **3.** Beispiele:

Robinson (1. Fall: Wer?) findet **einen Menschen, den er Freitag nennt** (4. Fall: Wen?).
Pippi Langstrumpf (1. Fall: Wer?) überlistet **die starken Männer** (4. Fall: Wen?).
Sherlock Holmes (1. Fall: Wer?) findet **das alte Burgverlies** (4. Fall: Wen? oder Was?).
Die 5 Freunde (1. Fall: Wer?) lösten **einen schwierigen Fall** (4. Fall: Wen?).
Münchhausen (1. Fall: Wer?) erzählt **Lügenmärchen** (4. Fall: Wen? oder Was?).
Die Prinzessin (1. Fall: Wer?) wirft **den Leuten** (3. Fall: Wem?) **ihre Schuhe** (4. Fall: Wen? oder Was?) zu.
Tom (1. Fall: Wer?) gibt **dem Jungen** (3. Fall: Wem?) **ein Buch** (4. Fall: Wen? oder Was?).

Seite 51 **4.** **Kluge Kühe**

Ein Urlauber verbringt **seinen Urlaub** auf **dem Bauernhof**. Interessiert sieht er zu, wie abends **die Kuhherde** von **der Weide** kommt und in **den Stall** geht. „Das ist ja fabelhaft", begeistert er sich, „dass **die Kühe** immer sofort **ihren eigenen Platz** finden." Da zuckt **der Bauer** mit **den Achseln** und meint: „Was ist denn daran so fabelhaft? Über **jedem Platz** steht doch **der Name der Kuh**."

Seite 52 **1.**

Infinitiv	üben	gehen	spielen
1. Person Singular	ich übe	ich gehe	ich spiele
2. Person Singular	du übst	du gehst	du spielst
3. Person Singular	er übt	er geht	er spielt
1. Person Plural	wir üben	wir gehen	wir spielen
2. Person Plural	ihr übt	ihr geht	ihr spielt
3. Person Plural	sie üben	sie gehen	sie spielen

Seite 52 **2.** **Munition**

Frau Klein **betritt** eine Drogerie und **verlangt** Mottenkugeln. Tags darauf **kommt** sie wieder in den Laden und **kauft** noch eine Packung. Als sie am darauffolgenden Tag wieder Mottenkugeln **verlangt, wundert** sich der Verkäufer und **fragt**: „Was **machen** Sie mit den vielen Mottenkugeln?" Da **antwortet** Frau Klein kleinlaut: „Es **ist** gar nicht so leicht, wie man **denkt**. Ich **treffe** einfach die Motten mit den Kugeln nicht."

M	V	E	R	S	T	E	H	E	N	O	A	U	F	P	A	S	S	E	N
E	L	Ö	E	A	S	D	E	N	O	P	U	M	H	U	R	P	Ö	P	F
L	O	P	C	H	A	S	C	H	O	P	F	M	H	L	U	R	I	N	X
D	E	N	H	O	M	V	R	T	E	N	Z	U	H	Ö	R	E	N	Ä	P
E	B	A	N	T	W	O	R	T	R	N	E	R	E	N	H	C	H	I	E
N	O	M	E	O	U	R	X	Y	R	E	I	L	I	H	E	H	N	T	R
O	N	U	N	O	M	S	O	F	R	A	G	E	N	I	N	E	A	S	I
N	E	S	B	E	H	A	L	T	E	N	E	S	A	U	T	N	O	R	M
E	N	I	M	E	R	G	E	I	R	U	N	D	R	O	T	E	K	R	E
I	N	Z	U	R	Z	E	I	C	H	N	E	N	I	M	M	A	L	E	N
K	W	I	S	S	E	N	U	N	F	U	G	E	N	S	S	E	E	N	T
N	N	E	Q	U	A	T	S	C	N	H	K	O	P	P	I	N	B	E	I

Beispiele:

Infinitiv	lesen	schneiden	stehen
1. Person Singular (ich)	ich lese	ich schneide	ich stehe
2. Person Singular (du)	du liest	du schneidest	du stehst
3. Person Singular (er, sie, es)	er, sie, es liest	er, sie, es schneidet	er, sie, es steht
1. Person Plural (wir)	wir lesen	wir schneiden	wir stehen
2. Person Plural (ihr)	ihr lest	ihr schneidet	ihr steht
3. Person Plural (sie)	sie lesen	sie schneiden	sie stehen

	Singular	Plural
1. Person	ich **bin**	wir **sind**
2. Person	du **bist**	ihr **seid**
3. Person	er, sie, es **ist**	sie **sind**

a) Die Schulglocke klingelt zur Pause.	Präsens
b) Im März kam ein neuer Schüler in die Klasse.	Präteritum
c) Die 5a wird an einem Fußballturnier teilnehmen.	Futur
d) Letztes Jahr gewann Lisa den Malwettbewerb.	Präteritum
e) Die Klasse wird bald einen Ausflug unternehmen.	Futur
f) Der Ordnungsdienst putzt die Tafel.	Präsens
g) Nächste Woche werden wir eine Arbeit schreiben.	Futur
h) Marcel kauft ein Brötchen am Schulkiosk.	Präsens
i) Johanna vergaß schon wieder ihre Hausaufgaben.	Präteritum

Seite 55 **2.** **Von welcher Stadt ist die Rede?**

Prät. *Prät.*
In der gesuchten Stadt <u>herrschte</u> eine schreckliche Rattenplage. Die Nager <u>drangen</u>

Prät.
in die Keller und Vorratsräume der Häuser <u>ein</u> und <u>fraßen</u> alles <u>auf</u>. Ein seltsam

Prät. *Prät.*
gekleideter Mann <u>gab</u> sich als Rattenfänger <u>aus</u> und <u>sprach</u> vor dem Rat der Stadt in

Präs. *Präs.*
folgender Weise: „Ich <u>bin</u> ein berühmter Rattenfänger und ich <u>will</u> eure Stadt von

Prät. *Fut.*
dem Ungeziefer befreien. Aber ich <u>verlange</u> dafür eine Belohnung. Ihr <u>werdet sehen</u>,

Fut.
dass ich mein Versprechen <u>einhalten werde</u>.“

Prät. *Prät.*
Der Rattenfänger <u>hielt</u> tatsächlich sein Versprechen, der Rat der Stadt <u>verweigerte</u>

Prät.
ihm aber seinen Lohn. Daraufhin <u>nahm</u> der Rattenfänger fürchterliche Rache …

Präs. *Präs.* *Präs.*
Wie diese Sage <u>weitergeht</u> und in welcher Stadt sie <u>spielt</u>, <u>wisst</u> ihr bestimmt.

(Bei der Stadt handelt es sich um Hameln.)

Seite 56 **1.** **Freitag, der dreizehnte**

<u>Abergläubische</u> Menschen fürchten sich vor diesem Tag, weil sie glauben, dass sie dann <u>mehr</u> Pech haben als sonst. In Wirklichkeit gibt es an diesen Freitagen keine Häufung von <u>schlimmen</u> Unfällen oder <u>außergewöhnlichen</u> Naturkatastrophen. Es kann aber sein, dass <u>ängstliche</u> Menschen so <u>angespannt</u> sind, dass sie <u>leichter</u> Fehler begehen. Der <u>schlechte</u> Ruf des Freitags hat Gründe im <u>christlichen</u> Glauben: Judas, der Jünger, der Jesus verraten hat, war die 13. Person beim Abendmahl, und es war ein Freitag, an dem Jesus gekreuzigt wurde. Es gibt aber auch <u>christliche</u> Länder, in denen nicht der Freitag, sondern der Dienstag als Unglückstag gilt.

Seite 56 **2.** **Welpen**

Die trächtige Hündin ist schon **unruhig**. Sie verweigert die Nahrung, schnüffelt in allen Ecken herum und versucht, ein „Nest“ zusammenzukratzen. Bald werden die **jungen** Hunde zur Welt kommen. In den **frühen** Morgenstunden wird der erste Welpe „geworfen“. Er zappelt noch in der Fruchtblase. Die Hündin reißt die Fruchtblase auf und zerbeißt dann die Nabelschnur. Mit **verklebten** Haaren liegt das Junge nun frei und wird von der Hündin **trocken** geleckt. Junge Welpen sind recht **hilflos**: Ihre Augen sind geschlossen; der viel zu **große** Kopf sinkt immer wieder zu Boden; sie können weder stehen noch gehen, sondern nur **unbeholfen** kriechen. Ihre Entwicklung ist also noch nicht abgeschlossen. Man bezeichnet sie deshalb als Nesthocker.

Seite 57 **1.**
a) Lenas Haar ist **lang**, Sonjas Haare sind **länger**, aber Kiaras Haare sind **am längsten**.
b) Max ist **stark**, Julian ist **stärker**, Arne ist **am stärksten**.
c) Johanna läuft sehr **schnell**, Jessica läuft **schneller**, doch **am schnellsten** von allen läuft Rena.
d) Philipp kann schon **gut** kochen, Maxi kann **besser** kochen, **am besten** kocht Aljoscha.
e) Der Baum ist **hoch**, das Haus daneben ist **höher**, **am höchsten** ist jedoch der Stadtturm.

Seite 57 **2.**
klein, ~~tot~~, ~~rechteckig~~, rund, schön, sonderbar, freundlich, haltbar, bunt, ~~leer~~, ~~uralt~~

klein, kleiner, am kleinsten; rund, runder, am rundesten; schön, schöner, am schönsten; sonderbar, sonderbarer, am sonderbarsten; freundlich, freundlicher, am freundlichsten; haltbar, haltbarer, am haltbarsten; bunt, bunter, am buntesten

a) <u>Die Klasse</u> besucht <u>den Lehrer</u>.
   Sie besucht **ihn.**
b) <u>Das Auto</u> ist ins Schleudern geraten.
   Es ist ins Schleudern geraten.
c) <u>Die Häuser</u> versperren <u>den Besuchern</u> den Blick.
   Sie versperren **ihnen** den Blick.
d) <u>Die Katze</u> schleicht sich an <u>einen Jungvogel</u> heran.
   Sie schleicht sich an **ihn** heran.
e) <u>Die Briefträgerin</u> ist von <u>dem kleinen Hund</u> gebissen worden.
   Sie ist von **ihm** gebissen worden.

Beispiele:
- Mein Vater und meine Schwester beobachteten die Seehunde, die mit Heringen gefüttert wurden.
- Die Magd füttert die Gans. Das Tier schnattert laut vor Vergnügen.
- Mein Vater verfolgte die Fütterung des Adlers, der gerne Mäuse und Küken frisst.

Erich Kästner
Münchhausen – Aus dem Vorwort

Und was an den Geschichten ist denn nun so erstaunlich? <u>Sie</u> stecken voll der tollsten Lügen!
Mitten in den Berichten über Reisen, die <u>er</u> wirklich gemacht, und Kriege, an denen <u>er</u> wirklich teilgenommen hat, tischt Münchhausen <u>uns</u> Lügen auf, dass sich die Balken biegen! Durch Lügen kann man also berühmt werden? Freilich! Aber nur, wenn man so lustig, so fantastisch, so treuherzig und so verschmitzt zu lügen versteht wie Münchhausen, nicht etwa, um die Leser zu beschwindeln, sondern um <u>sie</u>, wie ein zwinkernder Märchenerzähler, mit ihrem vollen Einverständnis lächelnd zu unterhalten.
Das <u>ihr</u> <u>mir</u> also nicht nach Hause kommt und sagt: „Denk <u>dir</u>, Mama, <u>ich</u> hab' eben mit einem Auto gesprochen, und das Auto meinte, <u>es</u> gäbe morgen Regen!" Durch solche Lügen wird man nicht berühmt. So zu lügen wie Münchhausen ist eine Kunst.

Aufregung in der 5a
Aufregung in der Klasse 5a. Anne vermisst **ihren** Füller. „Hat jemand vielleicht **meinen** Füller gesehen?", ruft sie laut in die Klasse. „Kannst du nicht besser auf **deine** Sachen aufpassen?", knurrt Markus, **ihr** Tischnachbar. „Kannst du nicht mal nachsehen, ob du **meinen** Füller in **dein** Etui gesteckt hast?" Widerwillig kramt Markus in **seinem** Rucksack und holt **sein** Etui hervor. „Hier, sieh selbst. Da ist nur **mein** Füller." „Ich glaube, ich weiß, wo Anne **ihren** Füller liegen gelassen hat!", ruft Dennis. „Wir haben doch in der Pausenhalle den Probenplan für **unser** Theaterstück zusammengestellt. Bestimmt hast du **den** Füller dort liegen gelassen." Schnell stürzt Anne aus dem Klassenzimmer und kommt kurze Zeit später freudestrahlend mit **ihrem** Füller in der Hand zurück.

Seite 60 1.

Singular	Plural
der Wald	**die Wälder**
der Sportler	die Sportler
das Mädchen	die Mädchen
die Tafel	**die Tafeln**
das Auto	**die Autos**
der Dieb	die Diebe

(1 Punkt für jede richtige Bildung des Numerus)

Seite 60 2.
a) **Der Hund** ist ganz aufgeregt. – **Nominativ**
b) Er springt **Philipp** an. – **Akkusativ**
c) Er läuft **dem Ball** hinterher. – **Dativ**
d) Er erinnert sich **eines Knochens** im Garten. – **Genitiv**

(1 Punkt für jede richtige Bestimmung des Kasus)

Seite 60 3.
a) Julius <u>kam</u> zu spät zum Training. – **Präteritum**
b) Der Arzt <u>wird</u> morgen Lisas Zahnspange <u>entfernen</u>. – **Futur**
c) Der Schüler <u>schreibt</u> an einem Aufsatz. – **Präsens**
d) Dunkle Wolken <u>kündigten</u> den Regen <u>an</u>. – **Präteritum**
e) Ihr <u>werdet</u> wieder ans Meer <u>fahren</u>. – **Futur**

(1 Punkt für die richtige Unterstreichung der Verben in einem Satz <u>und</u> die richtige Bestimmung der Zeitform)

Seite 60 4.
a) tragen   – ich trage   – ich trug
b) gießen   – ich gieße   – ich goss
c) sagen   – ich sage   – ich sagte
d) graben   – ich grabe   – ich grub
e) legen   – ich lege   – ich legte
f) schießen – ich schieße – ich schoss
g) hoffen   – ich hoffe   – ich hoffte

(1 Punkt für jede richtig ausgefüllte Zeile)

Seite 61 5. Grundstufe – **Positiv**; Vergleichsstufe – **Komparativ**; Höchststufe = **Superlativ**

(1 Punkt für jeden richtigen Begriff)

Seite 61 6. Bonbons findet Paul **gut**, Schokolade gefällt ihm <u>**besser**</u>, aber Eis schmeckt ihm <u>**am besten**</u>.

(1 Punkt für jede richtige Steigerungsform)

Seite 61 7.

Personalpronomen	Possessivpronomen
ich	**mein**
du	dein
er, sie, es	**sein, ihr, sein**
wir	unser

ihr	euer
sie	ihr

(1 Punkt für jedes richtig eingesetzte Pronomen)

Seite 61 8.
Er	gibt	seiner	kleinen	Katze	das	Futter.
4	6	5	1	3	2	3

(1 Punkt für jedes richtig bestimmte Wort)

46 – 37 Punkte	36 – 24 Punkte	23 – 0 Punkte
Gut gemacht!	Nicht schlecht! Lies dir noch einmal die Lernboxen im Schulbuch auf den S. 209 – 228 durch.	Wiederhole noch einmal die Übungen im Arbeitsheft (S. 47 – 59) und im Schulbuch (S. 209 – 228).

Bausteine des Satzes – Satzglieder kennen

Seite 62 1.
Heute feiert die Klasse 5a ein tolles Fest.
Ein tolles Fest feiert heute die Klasse 5a.
Ein tolles Fest feiert die Klasse 5a heute.

Seite 62 2./3.
- (Zwei Hunde) (laufen) (bellend) (aus dem Haus) — 4
- (Peters Hund) (läuft) (am Morgen) (schnell) (über die Wiese). — 5
- (Schwanzwedelnd) (begrüßt) (er) (den Schäferhund Ben). — 4
- (Die beiden Hunde) (spielen) (mit einem Ball). — 3
- (Zwischen den Bäumen) (rennen) (sie) (wild) (hin und her). — 5

Seite 63 4.
- (Nach dem Spaziergang) (gibt) (Peter) (seinem Hund) (eine große Portion Hundefutter).
- (Der Hund) (stürzt sich) (gierig) (auf das Hundefutter).

Seite 63 5./6.
Beispiele: (*Später*) (gibt) (Peter) (*seinem Tier*) (*etwas Futter*).
(*Es*) (stürzt sich) (*sofort*) (*auf die Portion*).

Seite 63 7.
Mögliche Lösung:

Ein Elefant und eine Maus gehen zusammen spazieren. Sie überqueren eine Holzbrücke. Das macht einen Riesenkrach. Die kleine Maus schaut ihren großen Begleiter an. Sie sagt zu ihm: „Hörst du, wie laut wir trampeln?" Das Mäuschen geht daraufhin noch stolzer neben seinem riesigen Freund her.

Seite 63 8.
Mögliche Lösung:

Elefanten
Elefanten können 60 Jahre alt werden. Sie werden aber oft nur 40 bis 50 Jahre alt. Bei ihrer Geburt wiegen sie zehn Zentner. Pro Tag brauchen sie vier Zentner Nahrung. Sie brauchen nur vier Stunden Schlaf. Kranken oder Verletzten aus ihrer Herde helfen Elefanten. Beim Tod verwandter Tiere zeigen Elefanten Trauer. Heute leben sie in riesigen Reservaten. Wegen ihres Elfenbeins werden Elefanten von Wilderern verfolgt. Von den Bauern werden sie nicht gemocht, weil sie ihre Felder verwüsten.

Seite 64 1.
a) (Lisa und Klaus) (bauen) (einen Drachen).
b) (Sie) (gehen) (mit dem Drachen) (zu einer Wiese) und (lassen) (ihn) (steigen).

c) (Dann) (trägt) (der Wind) (den Drachen) (bis zu den Wolken).
d) (Plötzlich) (reißt) (die Schnur).
e) (Die Kinder) (machen sich) (auf die Suche) (nach dem Drachen).
f) (Der Drachen) (ist) (leider) (beschädigt).
g) (Traurig) (fahren) (die Kinder) (nach Hause).

Seite 64 **2.**
a) <u>Wer oder was</u> baut einen Drachen? <u>Lisa und Klaus</u> bauen einen Drachen.
b) <u>Wer oder was</u> geht mit dem Drachen zu einer Wiese und lässt ihn steigen? <u>Sie</u> gehen mit dem Drachen zu einer Wiese und lassen ihn steigen.
c) <u>Wer oder was</u> trägt den Drachen bis zu den Wolken? <u>Der Wind</u> trägt den Drachen bis zu den Wolken.
d) <u>Wer oder was</u> reißt plötzlich? <u>Die Schnur</u> reißt plötzlich.
e) <u>Wer oder was</u> macht sich auf die Suche nach dem Drachen? <u>Die Kinder</u> machen sich auf die Suche nach dem Drachen.
f) <u>Wer oder was</u> ist leider beschädigt? <u>Der Drachen</u> ist leider beschädigt.
g) <u>Wer oder was</u> fährt traurig nach Hause? <u>Die Kinder</u> fahren traurig nach Hause.

Seite 64 **3.** **Die ziemlich intelligente Fliege**

<u>Eine große Spinne</u> hatte in einem alten Haus ein schönes Netz gewoben, um Fliegen zu fangen. Jedes Mal, wenn <u>eine Fliege</u> sich auf dem Netz niederließ und darin hängen blieb, verzehrte <u>die Spinne</u> sie schleunigst. <u>Die anderen Fliegen</u> sollten nämlich denken, <u>das Netz</u> sei ein sicherer und gemütlicher Platz.
Eines Tages schwirrte <u>eine ziemlich intelligente Fliege</u> so lange um das Netz herum, ohne es zu berühren, dass schließlich <u>die Spinne</u> hervorkroch und sagte: „<u>Du</u> kannst ruhig kommen und dich ein bisschen bei mir ausruhen." Aber <u>die Fliege</u> ließ sich nicht übertölpeln. „<u>Ich</u> setze mich nur an Stellen, wo <u>andere Fliegen</u> sind", antwortete <u>sie</u>, „und <u>ich</u> sehe bei dir keine anderen Fliegen."
Damit flog <u>sie</u> weiter, bis <u>sie</u> an eine Stelle kam, wo <u>sehr viele Fliegen</u> saßen. <u>Sie</u> wollte sich gerade zu ihnen setzen, als <u>eine Biene</u> ihr zurief: „<u>Du</u> musst weiterfliegen, <u>alle diese Fliegen</u> sitzen rettungslos im Leim fest!"
„Red keinen Unsinn", sagte <u>die Fliege</u>. „<u>Sie</u> tanzen doch." Damit ließ <u>sie</u> sich nieder, und <u>ihr Körper</u> klebte im Nu auf dem Leim fest.

Seite 65 **1.**
b) (Sie) <u>treffen sich</u> nachmittags oft mit ihren Freunden zum Fußballspielen.
c) In den Ferien <u>haben</u> (sie) fast jeden Tag <u>gespielt</u>.
d) Heute <u>treffen</u> (sie) ihre Freunde wieder auf dem Fußballplatz.
e) (Peter) <u>macht</u> einen Einwurf zu Klaus.
f) (Klaus) <u>läuft</u> schnell mit dem Ball am Fuß.
g) Da <u>wird</u> (Klaus) plötzlich <u>gefoult</u>.
h) (Er) <u>fällt hin</u> und <u>bekommt</u> einen Freistoß.
i) (Klaus) <u>schießt</u> den Ball in den Strafraum.
j) (Der Ball) <u>wird</u> von dem Torhüter <u>gefangen</u>.
k) (Die Jungen) <u>werden</u> morgen wieder Fußball <u>spielen</u>.

Seite 65 **2.**
b) Was tun Klaus und Peter oft nachmittags? (Sie) <u>treffen sich</u> mit ihren Freunden zum Fußballspielen.
c) Was haben sie in den Ferien fast jeden Tag getan? (Sie) <u>haben</u> Fußball <u>gespielt</u>.
d) Was tun sie heute? (Sie) <u>treffen</u> ihre Freunde wieder auf dem Fußballplatz.
e) Was tut Peter? (Er) <u>macht</u> einen Einwurf zu Klaus.
f) Was tut Klaus? (Er) <u>läuft</u> schnell mit dem Ball am Fuß.
g) Was geschieht mit Klaus? (Er) <u>wird</u> plötzlich <u>gefoult</u>.

h) Was tut Klaus? (Er) fällt hin und bekommt einen Freistoß.

i) Was tut Klaus mit dem Ball? (Er) schießt den Ball in den Strafraum.

j) Was geschieht mit dem Ball? (Der Ball) wird von dem Torhüter gefangen.

k) Was werden die Jungen morgen wieder tun? (Sie) werden morgen wieder Fußball spielen.

Seite 66 1./2.

c)

   S   P   AO

Lisa besucht ihren kranken Freund Klaus.
Wen oder was besucht Lisa?

d)

   S   P DO   AO

Sie kauft ihm ein spannendes Buch.
Wem kauft sie ein spannendes Buch?

   S   P DO   AO

Sie kauft ihm ein spannendes Buch
Wen oder was kauft sie ihm?

e)

     S   P   AO

Die Mutter begrüßt Lisa.
Wen oder was begrüßt die Mutter?

f)

   S   P   AO   P

Klaus packt das Geschenk aus.
Wen oder was packt Klaus aus?

g)

   S   P   DO

Es gefällt ihm.
Wem gefällt es?

Seite 67 3.

Beispiele:
c) Pauline kauft **ihrer Mutter (DO)** ein Geschenk **(AO)**.
d) Anja schenkt **ihrem Bruder (DO)** einen Bleistift **(AO)**.
e) Michael kennt **viele Hunderassen (AO)**.
f) Maximilian isst gerne **Hamburger (AO)**.
g) Katharina malt **ihrer Tante (DO)** ein Bild **(AO)**.
h) Onur schreibt **seinem Onkel (DO)** eine SMS **(AO)**.
i) Jasmin trägt beim Fahrradfahren immer **einen Helm (AO)**.
j) Die Mutter kocht **Nudeln (AO)**.
k) Der Knochen gehört **dem Hund (DO)**.

Seite 67 4.

Großer Schnauftest

Jeder Mensch hat zwei **Nasenlöcher** [AO]. Bei Schnupfen ist das eine schon mal völlig zu, später vielleicht das andere. Aber ansonsten atmen wir die **Luft** [AO] gleichmäßig durch die beiden Nasenlöcher ein. Stimmt das wirklich? Dazu kannst du ganz leicht einen **Versuch** [AO] machen. Halte zuerst das eine **Nasenloch** [AO] zu und atme mit dem **anderen** [DO], dann machst du das **Ganze** [AO] umgekehrt. Atmet ihr mit beiden **Nasenlöchern** [DO] gleich leicht oder gibt es **Unterschiede** [AO]? Wiederholt den **Versuch** [AO] nach zwei, vier, sechs und acht Stunden. Dabei wird **euch** [DO] vermutlich Folgendes auffallen: Immer strömt Luft durch eines der beider Nasenlöcher leichter. Das andere Nasenloch setzt durch innere Schwellung dem **Luftholen** [DO] mehr **Widerstand** [AO] entgegen. Diese Schwellung wechselt aber alle paar Stunden: Dann kann man wieder das andere **Nasenloch** [AO] besser benutzen.

Seite 68

Satzglied	Satzgliedfrage
Subjekt	Wer oder was?
Prädikat	**Was tut ...? Was geschieht ...?**
Dativobjekt	**Wem?**
Akkusativobjekt	Wen oder was?

(1 Punkt für jede richtige Ergänzung)

Seite 68

- Mareike schenkt ihrer großen Schwester zum Geburtstag ein interessantes Buch.
- Ihrer großen Schwester schenkt Mareike zum Geburtstag ein interessantes Buch.
- Ein interessantes Buch schenkt Mareike ihrer Schwester zum Geburtstag.
- Zum Geburtstag schenkt Mareike ihrer Schwester ein interessantes Buch.

(1 Punkt für jedes in allen Sätzen eingekreiste Satzglied)

Seite 68

Frau im Tresorraum vergessen

Eine ältere Frau war zwei Tage im Tresorraum einer Bank eingeschlossen.

Am Freitag ging die Frau zu ihrer Bank. Sie wollte dort ihre Rente abholen.

Die 77-Jährige kam dann aber zwei Tage nicht nach Hause.

Daraufhin hatten die Angehörigen eine Vermisstenanzeige aufgegeben.

Am Sonntagabend öffneten die Bankmitarbeiter auf Drängen der Polizei den Tresorraum.

Zu ihrer Überraschung befand sich die Frau im Tresorraum. Sie hatte großen Durst, hat das Abenteuer aber unverletzt überstanden.

(1 Punkt für jedes richtig erkannte Subjekt und Prädikat, 2 Punkte für jede richtig erkannte Prädikatsklammer)

Seite 69 4.

- Tim kauft im Kaufhaus **einen Fotoapparat (AO)**.
- Lara schenkt **ihrer Freundin (DO)** zum Geburtstag **eine CD (AO)**.
- Anna verrät **Paula (DO)** **ein Geheimnis (AO)**.
- Der Lehrer beantwortet **den Schülern (DO)** **die Fragen (AO)**.
- Stefanie leiht **ihrem Banknachbarn (DO)** **ihr Lieblingsbuch (AO)**.

(1 Punkt für jedes ergänzte Objekt und seine richtige Bezeichnung)

Seite 69 5.

Subjekt	Prädikat	Akkusativobjekt	Dativobjekt
der Großvater	schenkt	eine Eintrittskarte	seinem Enkel Alexander
der Direktor	wünscht	viel Vergnügen	den Zirkuszuschauern
der Clown	spielt	den Kindern	einen Streich
die Tiger	fauchen ... an	den Dompteur	

(1 Punkt für jede richtig ausgefüllte Zelle)

53 – 40 Punkte	39 – 28 Punkte	27 – 0 Punkte
Das hast du gut gemacht!	Nicht schlecht! Lies dir noch einmal die Lernboxen im Schulbuch auf den S. 233 – 247 durch.	Wiederhole noch einmal die Übungen im Arbeitsheft (S. 62 – 67) und im Schulbuch (S. 233 – 243).

Frage, Aussage, Aufforderung – Satzarten und Sprechabsicht

Seite 70

b) Spiel den Ball doch endlich ab! **(Aufforderungssatz)**
c) Bernd läuft heute wie eine lahme Ente. **(Aussagesatz)**
d) Joggst du nach dem Spiel noch eine Runde mit mir durch den Wald? **(Fragesatz)**
e) Dribbele doch nicht so viel! **(Aufforderungssatz)**
f) Der Schiri hat schon wieder nichts mitbekommen. **(Aussagesatz)**
g) Bring mir bitte eine Bratwurst mit! **(Aufforderungssatz)**
h) Gleich beginnt die zweite Halbzeit. **(Aussagesatz)**
i) Hast du den Traumpass gesehen? **(Fragesatz)**
j) Pfeif doch endlich ab, Schiri! **(Aufforderungssatz)**
k) Bist du beim nächsten Spiel auch wieder hier? **(Fragesatz)**
l) Die Mannschaften trennten sich unentschieden. **(Aussagesatz)**
m) Können wir nicht mehr gewinnen? **(Fragesatz)**

Seite 71

a) Situation: Zu Hause am Abend: „Dein Bett wartet auf dich."
Satzart: **Aussagesatz**
Sprechabsicht: **Aufforderung „Geh endlich ins Bett!"**
b) Situation: In der Schule: „Kannst du bitte deine Hausaufgaben herausnehmen?"
Satzart: **Fragesatz**
Sprechabsicht: **Aufforderung „Zeige bitte deine Hausaufgaben her!"**
c) Situation: Zu Hause: „Dein Zimmer ist schon wieder unordentlich."
Satzart: **Aussagesatz**
Sprechabsicht: **Aufforderung „Räum dein Zimmer auf!"**
d) Situation: Zu Hause: „Jemand hat die ganze Schokolade aufgefuttert."
Satzart: **Aussagesatz**
Sprechabsicht: **Fragesatz „Wer hat die Schokolade aufgegessen?"**

Seite 72

Vorfeld	Verbglied 1 (linke Satz-klammer)	Mittelfeld	Verbglied 2 (rechte Satz-klammer)	Nachfeld
Lukas' Familie	ist	vor zwei Jahren nach Kiel	gezogen.	
Dort	besucht	der Junge seit ein paar Wochen eine neue Schule.		
Seine Schwester Ella	geht	noch in die Grundschule.		
Kiel	finden	die beiden sehr schön,		weil die Stadt direkt an der Ostsee liegt.
Faszinierend	sind	die großen Kreuzfahrtschiffe.		
Diese	legen	regelmäßig im Fährhafen	an.	
Im Sommer	fahren	Lukas und Ella gemeinsam mit ihren Eltern häufig an einen nahegelegenen Strand.		
Leider	leben	die Großeltern der Kinder in München.		
Vielleicht	werden	sie ebenfalls nach Kiel	ziehen,	wenn sie Rentner sind.
Zur Schule	können	die Kinder immer mit dem Rad	fahren.	
Im Winter	werden	sie manchmal von ihren Eltern	gebracht.	

(mögliche Lösung)

Vorfeld	Verbglied 1 (linke Satz-klammer)	Mittelfeld	Verbglied 2 (rechte Satz-klammer)	Nachfeld
Vor zwei Jahren	ist	Lukas' Familie nach Kiel	gezogen.	
Der Junge	besucht	dort seit ein paar Wochen eine neue Schule.		
Die großen Kreuzfahrt-schiffe	sind	faszinierend.		
Regelmäßig	legen	diese im Fährhafen	an.	
Lukas und Ella	fahren	im Sommer gemeinsam mit ihren Eltern häufig an einen nahegelegenen Strand.		

Rechtschreibung kann man lernen – Tipps für das richtige Schreiben

lang ausgesprochener Vokal	kurz ausgesprochener Vokal
sie kamen	die Kämme
der Ofen	offen
die Qualen	die Qualle
der Söhne	die Sonne
beten	die Betten
die Dame	die Dämme

d? t?: binden, laden, raten, treten, beten, zünden, finden
b? p?: hupen, treiben, heben, traben, schreiben, loben, schweben
g? k?: stärken, harken, legen, schlagen, merken, tragen, wagen

Wörter, Bewegungsspiele, hundertvierzehn, Verdienstbescheinigung, Vermittlungsfähigkeit, Vereinshaus, hervorkommen, vervielfältigen, knautschig, Vorlage, Techniken, richtig

d oder t?

der Hund – die Hunde   das Lied – die Lieder   das Rad – die Räder
rund – runder   bunt – bunter

b oder p?

sie erbt – erben   er liebt – lieben   der Raub – die Raube/Räuber
er stibt – sterben   sie erlaubt – erlauben   er hupt – hupen

g oder k?

lang – länger   sie zwingt – zwingen   der Krieg – die Kriege
er saugt – saugen

| Seite 74 | 2. | der Wald – die Wälder | der Ort – die Orte | das Bad – die Bäder |
| | | der Zwerg – die Zwerge | die Bank – die Bänke | der Sieg – die Siege |

Seite 74 **3.** **d oder t?**

Freund – Freunde	Herd – Herde	Hut – Hüte	Land – Länder
breit – breiter	Pferd – Pferde	er fand – sie fanden	Rand – Ränder
der Landwirt – die Landwirte			

b oder p?

sie schiebt – schieben	der Betrieb – die Betriebe	der Dieb – die Diebe
grob – gröber	taub – tauber	der Korb – die Körbe	sie schreibt – schreiben

g oder k?

der Erfolg – die Erfolge	krank – kränker	der Hängeschrank – die Hängeschränke
er pflegt – pflegen	der Gesang – die Gesänge	er sagt – sagen
er lenkt – lenken	billig – billiger	kräftig – kräftiger	der Hang – die Hänge

Seite 75 **1.**

- Mäuse: Maus, mausen, Mauseloch
- wärmen: warm, Wärme, Wärmflasche
- Gebäude: bauen, Bauwerk
- gläubig: glauben, Glaube
- Häuptling: Haupt
- gefährlich: Gefahr

Seite 75 **2.**

erklären – klar	Fähre – fahren	hätte – haben	Späße – Spaß
gefährlich – Gefahr	kälter – kalt	Hähne – Hahn	mäßig – Maß
kräftig – Kraft	städtisch – Stadt	geräumig – Raum	Wiederkäuer – kauen
Verkäuferin – verkaufen		Träumen – Traum	läuten – laut
Säure – sauer		gläubig – Glaube	häufig – Haufen

Seite 75 **3.** **Venus – eine Göttin mit zwei Sternen**

Bekanntlich umkreisen die Planeten die Sonne auf festen Bahnen. Von innen nach außen gezählt „läuft" die Venus auf Bahn zwei, die Erde auf Bahn drei. Da die Venus der Erde näher ist und sie sich schneller um die Sonne bewegt als die Erde, sehen wir sie manchmal östlich, manchmal westlich von unserem Zentralgestirn. Wenn die Venus östlich von der Sonne steht, leuchtet sie nach Sonnenuntergang als eine der ersten Himmelskörper auf. Wir nennen sie dann Abendstern. Steht sie hingegen westlich von der Sonne, so sieht man sie kurz vor Sonnenaufgang. Jetzt heißt sie Morgenstern. Abendstern und Morgenstern sind also zwei Bezeichnungen für denselben Planeten.

Seite 76 **1.**

- Wort: Ort
- welche: Elch, Elche
- schwierig: wie, er
- er glaubt: Laub
- gerade: er, Rad
- erstaunlich: er, Stau, Tau, ich

Seite 76 **2.**

waagerecht: schräg, Knäuel, vorwärts, rückwärts, Geländer
senkrecht: sägen, abwärts, Säule, Bär, Ähre

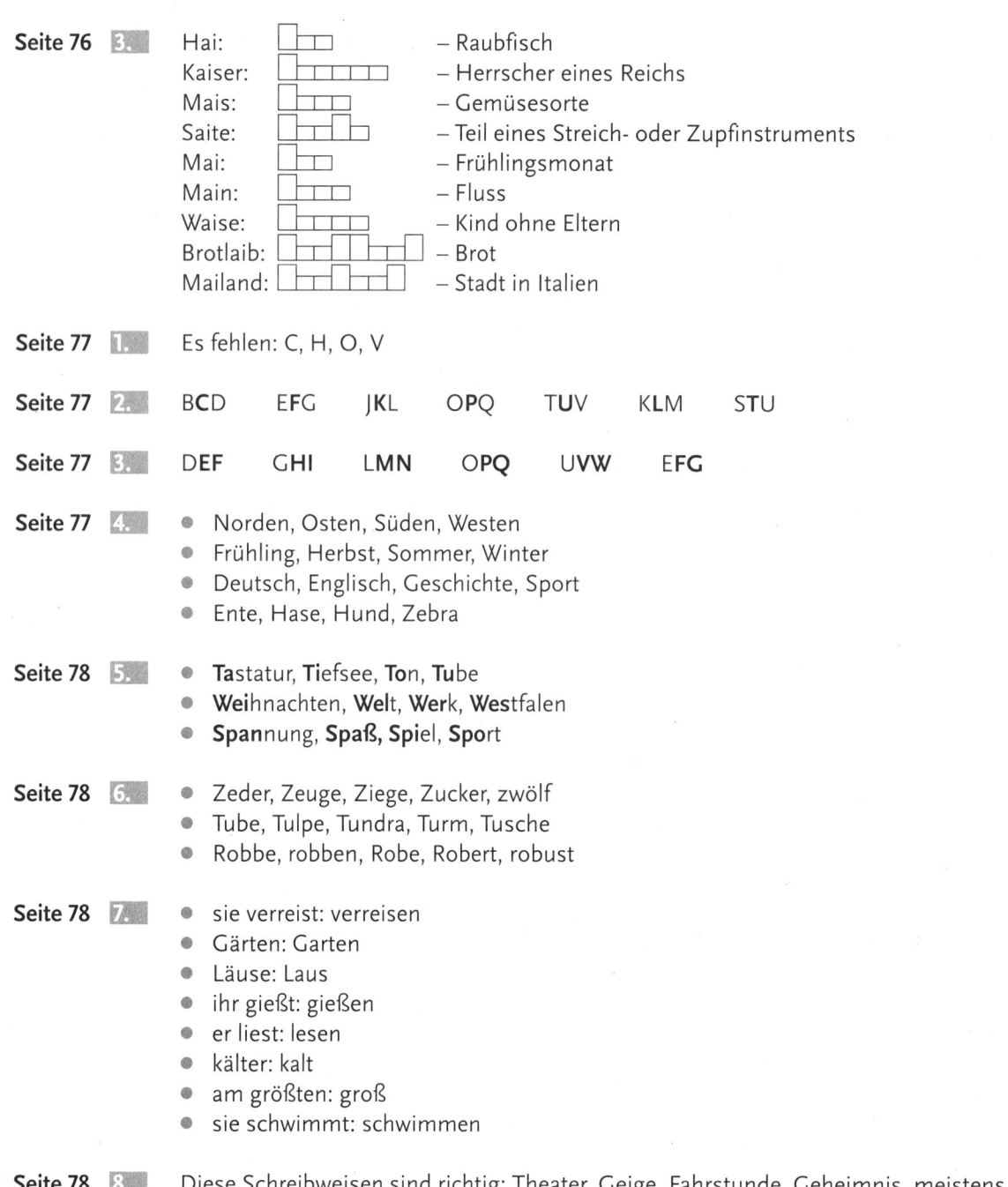

Seite 76 3. Hai: — Raubfisch
Kaiser: — Herrscher eines Reichs
Mais: — Gemüsesorte
Saite: — Teil eines Streich- oder Zupfinstruments
Mai: — Frühlingsmonat
Main: — Fluss
Waise: — Kind ohne Eltern
Brotlaib: — Brot
Mailand: — Stadt in Italien

Seite 77 1. Es fehlen: C, H, O, V

Seite 77 2. BCD   EFG   JKL   OPQ   TUV   KLM   STU

Seite 77 3. DEF   GHI   LMN   OPQ   UVW   EFG

Seite 77 4.
- Norden, Osten, Süden, Westen
- Frühling, Herbst, Sommer, Winter
- Deutsch, Englisch, Geschichte, Sport
- Ente, Hase, Hund, Zebra

Seite 78 5.
- **Ta**statur, **Tie**fsee, **To**n, **Tu**be
- **Wei**hnachten, **Wel**t, **Wer**k, **West**falen
- **Span**nung, **Spaß**, **Spie**l, **Spo**rt

Seite 78 6.
- Zeder, Zeuge, Ziege, Zucker, zwölf
- Tube, Tulpe, Tundra, Turm, Tusche
- Robbe, robben, Robe, Robert, robust

Seite 78 7.
- sie verreist: verreisen
- Gärten: Garten
- Läuse: Laus
- ihr gießt: gießen
- er liest: lesen
- kälter: kalt
- am größten: groß
- sie schwimmt: schwimmen

Seite 78 8. Diese Schreibweisen sind richtig: Theater, Geige, Fahrstunde, Geheimnis, meistens, Jagd, niesen, Physik, voraus, herabsteigen, Margarine

Seite 79 1./2. **Wer ist der Urahne des Hundes?**
Bei keinem Haustier finden sich so große Unterschiede wie beim Hund. Auf internationalen Ausstellungen wird uns die Vielfalt besonders bewusst. So könnte man auch heute noch leicht auf den Gedanken kommen, dass die Hunde mehrere Stammväter haben. Früher wurden beispielsweise Schakale wegen einiger körperlicher Merkmale und ihres sandfarbenen Fells als Vorfahren der orientalischen Windhunde betrachtet. Die Herkunft einiger anderer Hunderassen führte man auf Fuchs, Kojote und Hyäne zurück. Erst in unserer Zeit kamen Zoologen zu der Erkenntnis, dass es nur einen einzigen Urahnen des Hundes gibt, den *Wolf*.

-ung	-heit	-keit
Umleitung	Frechheit	Heiterkeit
Umgebung	Gesundheit	Tapferkeit
Zeichnung		Einsamkeit

-nis	-tum	-schaft
Hindernis	Wachstum	Herrschaft
Erlebnis	Brauchtum	Gefangenschaft
	Reichtum	Freundschaft

Seite 80 1.
- Wasser, **das** zu lange kocht, verdunstet.
  Wasser, **welches** zu lange kocht, verdunstet.

- Ich esse **das** nicht gern.
  Ich esse **dieses** nicht gern.

- Wegen des schlechten Wetters fällt **das** Spiel aus.
  Wegen des schlechten Wetters fällt **dieses** Spiel aus.

- Ein Auto, **das** kein Benzin hat, fährt nicht.
  Ein Auto, **welches** kein Benzin hat, fährt nicht.

Seite 80 2. Beispiele:
- Erinnere dich daran, **dass** du noch einkaufen wolltest.
- Mir fällt gerade ein, **dass** mein Fahrrad noch bei dir steht.
- Katharina achtet darauf, **dass** ihr Meerschweinchen nicht zu dick wird.

Seite 81 3. a) das, b) das, c) dass, d) dass, e) dass, f) dass, g) Dass, h) das, i) dass, j) das, k) Dass

Seite 81 4. **Wie gut hören Hunde?**
Wir wundern uns manchmal darüber, da**ss** der in seinem Körbchen schlummernde **V**ierbeiner plötzlich die Ohren **s**pitzt und seinen Kopf zur **W**ohnungstür richtet, noch bevor die **K**lingel ertönt oder jemand hereinkommt. Da**s** ist jedoch gar nicht verwunderlich. Der Hund hat nämlich schon einige Zeit vor uns **d**as Geräusch wahrgenommen. Versuche ergaben, da**ss** sie unter dreißig verschiedenen **S**challquellen diejenige **m**ühelos herausfanden, auf die sie abgerichtet waren.
Hunde lernen bald, für sie **w**ichtige oder **i**nteressante Geräusche von nebensächlichen zu unterscheiden. Für sie ist da**s** kein Problem. Laute Musik aus dem Radio oder anderen Lärm empfinden sie zwar als störend, aber sie reagieren kaum darauf. Ein Mensch mit gutem Gehör **v**ernimmt da**s** Ticken einer Armbanduhr manchmal noch in einer **E**ntfernung von drei Metern, der Hund jedoch bis zu 25 Metern. Im Vergleich zu **G**eruch und **G**ehör ist da**s** Sehvermögen eines Hundes weniger **g**ut entwickelt.

Teste dich selbst! – Tipps für das richtige Schreiben

Seite 86 1. Greis – Kreis, Gasse – Kasse, Seite – Seide, Ende – Ente, Teich – Deich

(1 Punkt für jedes richtige Wort)

Seite 86 2.

das Land – **die Länder**	groß – **größer**	lang – **länger**
er sprang – **sie springen**	der Sieg – **die Siege**	kalt – **die Kälte**
der Berg – **die Berge**	die Wand – **die Wände**	der Fluss – **die Flüsse**

(1 Punkt für jedes richtige Wortende und eine passende Verlängerung)

3. Die Rechenaufgabe

Im Supermark**t** steht vor der Kasse eine en**d**lose Schlange. Die Verk**äu**ferin an der Regis-trierkasse schwitz**t** Blu**t** und Wasser, der kleine Theo stapel**t** Artikel über Artikel vor ihr auf. En**d**lich ist der Einkaufswagen leer, und die Verk**äu**ferin lies**t** die En**d**summe vom meterlangen Kassenbon ab. Da mein**t** der Kleine unschuldi**g**: „So, nun können Sie alles wieder einr**äu**men, ich brauche die Summe bloß für eine Rechenaufgabe. Meine Note in Mathemati**k** soll nicht wieder so schlech**t** sein wie auf dem letzten Zeugnis."

(1 Punkt für jeden richtig eingesetzten Buchstaben)

4. B-C-D-E-F/F-G-H-I-J/M-N-O-P-Q/P-Q-R-S-T/S-T-U-V-W/U-V-W-X-Y

(1 Punkt für jede richtige Lösung)

5. Fuchs, führen, Führerschein, funkeln, fürchten, Futter, füttern

(4 Punkte für die richtige Lösung)

6. **H**ausmäuse und **F**eldmäuse

Weiße **M**äuse und **F**arbmäuse stammen von der **H**ausmaus ab. **S**ie zählt zu den ältesten **B**egleitern des **M**enschen. **S**chon vor mehr als 3000 **J**ahren wurden in China **M**äuse als **H**austiere gezüchtet. **S**ie fressen alles, was sie im **H**aus finden können. **E**s gibt aber auch viele **M**äuse, die draußen leben, z. B. **F**eldmäuse. **S**ie fressen **G**etreide, **N**üsse und **W**ürmer.

(einen halben Punkt für jedes richtig korrigierte Wort)

7. Das Dromedar

Das Besondere an Dromedaren ist, **dass** sie in der Wüste zu erstaunlichen Leistungen fähig sind. Es gab z. B. ein Dromedar, **das** in der Wüste 944 Kilometer zurücklegte, ohne **dass** es eine Wasserstelle aufsuchte. Dromedare sind an **das** Leben in der Wüste angepasst. Ihr Fell, **das** besonders dicht ist, hält die Sonnenstrahlen ab. Weiter ist der Geruchssinn so ausgeprägt, **dass** sie Wasser schon kilometerweit wittern. Kommt **das** Dromedar an eine Wasserstelle, kann es über 100 Liter auf einmal saufen.

(1 Punkt für jede richtige Einsetzung von *das* oder *dass*)

64–48 Punkte	47–36 Punkte	35–0 Punkte
Gut gemacht!	Nicht schlecht! Lies dir noch einmal die Lernboxen im Schulbuch auf den S. 251–269 durch.	Wiederhole noch einmal die Übungen im Arbeitsheft (S. 73–85) und im Schulbuch (S. 251–269)

Tanne, Kinder, Bäcker – Wörter mit kurzem Vokal

1.

kurzer Vokal	langer Vokal
müssen	Hüte
kennen	holen
dünner	lesen
Schiffe	Haare
besser	schlafen
hassen	Züge

Nässe	riesig
flüssig	rosig
Masse	tosen

Seite 88 2.

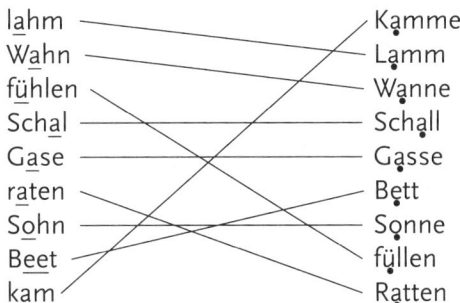

lahm — Kammer
Wahn — Lamm
fühlen — Wanne
Schal — Schall
Gase — Gasse
raten — Bett
Sohn — Sonne
Beet — füllen
kam — Ratten

Seite 89 1. Schiffe, Transportmittel, allerersten, zusammengebundenen, Baumstämmen, wasserdicht, schwammen, Paddeln

Seite 89 2. senkrecht: krumm, Versammlung, Rinne, schlimm, alle
waagerecht: kennen, Himmel, Lippe, Tonne, Gummi

Seite 89 3. alle, Gummi, Himmel, kennen, krumm, Lippe, Rinne, schlimm, Tonne, Versammlung

Seite 90 1. Hund: Hundehütte, Hundeleine, hundsgemein, …
Dank: Danksagung, sich bedanken, …
lang: Länge, länger
Geld: Geldautomat, Geldschein, …
dunkel: Verdunkeln, Dunkelheit, …
Lenker: lenken, Fahrradlenker, …
rund: abrunden, Rundung, Rundgang, …
denken: bedenken, Denker, Denkschrift, …

Seite 90 2.
- Das Gegenteil von eckig ist **rund.**
- Mein Bruder und meine Schwester sind wie Katze und **Hund.**
- Zwischen zwei Zimmern befindet sich eine **Wand.**
- Er sieht den **Wald** vor lauter Bäumen nicht.

Seite 90 3. Gespenst, Wolke, Elefant, Mantel

Seite 90 4. Balken, bunt, Geld, gesund, hinten, kalt, Kind, Kunst, Pumpe, Ring, Tulpe, Wald, Winter

Seite 91 1. Wecker, wackeln, Bäcker, eckig, lecken, Lack, packen, meckern, Stück, spucken, Trecker
Das Lösungswort lautet: Wackelpeter.

Seite 91 2. Mütze – Stütze – Pfütze
ersetzen – benetzen
nutzen – Stutzen – stutzen
Netz – hetz!
zuletzt – vergrätzt
Tatze – Katze
Einsitzer – Flitzer
ritzen – spitzen – flitzen

Seite 91 3. Pelz, tanken, Nelke, sich zanken, stolz, Lenker, Arzt, Sturz, Enkel, Planke, kurz, flink, Lanze, grunzen, ganz

Seite 92 **1.** Nach einem kurzen Vokal folgen meistens zwei Konsonanten.
Wenn du nur **einen Konsonanten** hörst, wird dieser meistens **verdoppelt.**
Wenn du nach einem kurzen Vokal **zwei** Konsonanten hörst, wird **keiner** verdoppelt.

(1 Punkt für jede richtige Ergänzung)

Seite 92 **2.** **Känguru geehrt**
Ein Kǎguru in Australien hat einen Tǎpferkeitsorden bekommen: Das Tier hatte sein Hěrrchen gerettet. Der Mǎnn wǎr von einem abgestürzten Ǎst eingeklěmmt wǒrden und drǒhte zu erstǐcken. Das Känguru hüpfte zum Haus und hǒlte Hǐlfe. Es lebt bei dem Farmer, seit seine Mǔtter überfǎhren worden ist. Jeden Ǎbend klǒpfe es an der Tür und verlǎnge Kěkse, erklärte der gerettete Mann.

(1 Punkt für jeden richtige markierten Vokal)

Seite 92 **3.** ... ka**nn** ... vorstellen ... Igelki**nd**er ... Tierschu**tz** ... darste**ll**en ... verlo**ck**t ... ju**ng**en ... We**nn** ... plö**tz**lich ... entde**ck**t ... so**ll**te ... la**ss**en ... kö**nn**te ... Igelmu**tt**er ... Schre**ck** ... Igelki**nd** ... mu**ss** ... gefü**tt**ert ...

(1 Punkt für jede richtige Ergänzung)

48–39 Punkte	38–28 Punkte	27–0 Punkte
Das hast du gut gemacht!	Nicht schlecht! Lies dir noch einmal die Lernboxen im Schulbuch auf den S. 273–279 durch.	Wiederhole noch einmal die Übungen im Arbeitsheft (S. 88–91) und im Schulbuch (S. 273–279)

Dose, See, Kuh, Brief – Wörter mit langem Vokal

Seite 93 **1.** Hose, nämlich, Segel, holen, rufen, Schule, Sage, Vase, Töne, Hüte, Rasen, Lose, Tage, tragen, Ferien, loben

Seite 93 **2.** **Die Eroberung des Weltalls**
Am 4. Oktober 1957 umkreiste zum ersten Mal ein Satellit die Erde. Warum ist dieses Datum so wichtig?
An diesem Tag begann die Eroberung des Weltalls. Zum ersten Mal verließ ein auf der Erde von Menschen hergestelltes Objekt unsere Atmosphäre. Es war der Sputnik, ein russischer Satellit.
Fünf Minuten nach seinem Start begann der Sputnik die Erde zu umkreisen, wobei er einen lauten Ton von sich gab, der auf der ganzen Erde gehört werden konnte. Einen Monat später wurde ein zweiter Sputnik gestartet, diesmal mit einer Hündin an Bord. Sie hieß Laika und war das erste Lebewesen, das die Erde umkreiste.

Seite 94 **1.** Klee, Schnee, Teer, Tee, leer, Speer

Seite 94 **2.** **Vom Aal aus Dänemark**

Es lebt' im **Staate** Dänemark
Ein sehr beleibter **Aal.**
Der sprach: „Ich bin am Bauch zu stark,
Grad wie ein riesengroßer **Saal.**"
5 Und stellt' sich auf die **Waage.**

„Von stark kann keine Rede sein,
Da sträubt sich mir das **Haar**.
Du bist zu dick, das ist's allein."
Frau **Aal** sprach's laut und klar.
10 Das holt' ihn von der **Waage**.

Seite 94 3. Moorhuhn, Aalsuppe, Teekanne, Zootiere, Gummiboot, Pulverschnee, Tanzsaal, Blaubeere, Haarspange, Meerenge, Moosbett, Speerwurf, Personenwaage, Seeungeheuer

Seite 95 1.

Dehnungs-h vor l	Dehnungs-h vor m	Dehnungs-h vor n	Dehnungs-h vor r
Stuhl	Ruhm	Zähne	bohren
Fehler	nehmen	Hühner	Uhr
Mehl	nachahmen	Sohn	Rohr
strahlen	Rahmen	Eisenbahn	Lehrerin
mahlen	Lehm	Bohne	fahren
Kuhle	angenehm	Bühne	Wahrheit
	zähmen		

Seite 95 2. Wo fuhr die erste Straßenbahn?
Die erste Straßenbahn auf Schienen verkehrte 1832 in New York. Gezogen wurde sie von zwei Pferden. Einige Jahre später fuhren solche Pferdebahnen auch in zahlreichen europäischen Städten. Für viele Menschen war dieses Verkehrsmittel jedoch sehr unangenehm. Sie beklagten sich über den Pferdemist, der auf den Straßen lag. Deshalb war man erleichtert, als die Pferdebahnen durch Dampfbahnen und später durch elektrische Straßenbahnen ersetzt wurden.

Seite 96 1. Biene, die, Dienstag, dieser, Fliege, Frieden, genießen, gießen, kariert, Krieg, lieben, Lied, liegen, Papier, schwierig, sie, sieben, Spiel, sprießen, Stiefel, verlieren, viel, Ziege, Ziel

Seite 96 2. die – sie; Fliege – Ziege; gießen – sprießen; Spiel – Ziel; viel – Ziel; ...

Seite 96 3.

Infinitiv	1. Person Singular Präsens	1. Person Singular Präteritum
laufen	ich laufe	ich lief
fallen	ich falle	ich fiel
heißen	ich heiße	ich hieß
beweisen	ich beweise	ich bewies
schreien	ich schreie	ich schrie
rufen	ich rufe	ich rief
halten	ich halte	ich hielt
bleiben	ich bleibe	ich blieb
treiben	ich treibe	ich trieb

Seite 97 4. Margarine, Vampir, Igel, Klima, Musik, Gardine, Apfelsine, Medizin

Seite 97 5.
- Jule schenkt **ihm** einen gelben Plüschbären.
- Jonas besucht **ihn** im Krankenhaus.
- Die Schüler kaufen **ihm** zum Geburtstag ein Buch.
- Paul spielt mit **ihrem** Hund.
- Nico schaut sich mit **ihr** den neuen Kinofilm an.

Janosch
Das Liebesbrief-Ei

Eine Henne verspürte große Lust
unter den Federn in der Brust,
aus **Lie**be dem Freund, einem Hahn, zu schreiben,
er solle nicht länger in Düsseldorf bleiben.
5 Er solle doch **lie**ber **hier** – zu **ihr** eilen
und mit **ihr** **die** einsame Stange teilen,
auf der **sie** sch**lief**.
Das stand in dem Br**ief**.
Wir müssen noch sagen: Es fehlte **ihr**
10 an gar nichts. Außer an Br**ief**pap**ier**.
Da schr**ieb** **sie** ganz einfach und deutlich mit Blei
den **Lie**besbr**ief** auf ein Hühner**ei**.
Jetzt noch mit einer Marke bekleben
und dann auf dem Postamt abgegeben.
15 Da knallte der Postmann den Stempel aufs **Ei**.
Da war **sie** vorbei.
Die **Lie**belei.

Teste dich selbst! – Wörter mit langem Vokal

- Ein **E**sel frisst Kl**ee**, trinkt aber keinen T**ee**.
- **Aa**le, die durch das Wasser rasen, stoßen sich sehr leicht die N**a**sen.
- Eine D**o**se voller L**o**se fand ich im M**oo**r.
- Zunächst tanzte der H**a**se im S**aa**l, später fraß er im Garten S**a**lat.
- Wenn ich ein Buch l**e**se, koche ich mir vorher eine Tasse Kaff**ee** oder Blaub**ee**rtee.
- Zum Geburtstag wünscht sich Paul ein R**a**d, eine W**aa**ge, Blumensamen und eine V**a**se.
- Schneefrauen reden im Februar viel über das Wetter.
- Ein Affe aus dem Z**oo** erwarb im Supermarkt eine T**o**rte, zwei R**o**sen und ein B**oo**t.

(1 Punkt für jede richtige Ergänzung)

Moor, Moos, Zoo, Boot, doof

(1 Punkt für jedes richtig eingetragene Wort)

Das Landleben
Die Le**h**rerin schreibt als T**h**ema an die Tafel: Das Landleben. Der **zeh**njährige Dieter
gibt s**eh**r schnell ab. In seinem Heft steht: Das L**e**ben auf dem Lande ist s**eh**r lustig.
Die kleinen Schweine l**e**gen das große Schwein auf die Seite und knabbern ihm die
Knöpfe von der Weste ab. M**eh**r weiß ich nicht.

(1 Punkt für jede richtige Ergänzung)

46 – 36 Punkte	35 – 25 Punkte	25 – 0 Punkte
Gut gemacht!	Nicht schlecht! Lies dir noch einmal die Lernboxen im Schulbuch auf S. 287 und 289 durch.	Wiederhole noch einmal die Übungen im Arbeitsheft (S. 93 – 98) und im Schulbuch (S. 282 – 289).

Rasen, Küsse, Straße – s-Laute richtig schreiben

Seite 100 **1.** Ta<u>ss</u>e, Grä<u>s</u>er, flie<u>ß</u>en, me<u>ss</u>en, wei<u>ß</u>er, bego<u>ss</u>en, Häu<u>s</u>er, Ma<u>ss</u>e, Stra<u>ß</u>e, bla<u>s</u>en, Fü<u>ß</u>e, Lo<u>s</u>e, hei<u>ß</u>en, Schlü<u>ss</u>el, le<u>s</u>en, rei<u>ß</u>en, Brem<u>s</u>e, la<u>ss</u>en, Glä<u>s</u>er, Gän<u>s</u>e, Grü<u>ß</u>e, pa<u>ss</u>en, nie<u>s</u>en, Ka<u>ss</u>e, Blä<u>s</u>er, Grö<u>ß</u>e, Klö<u>ß</u>e, Ha<u>s</u>e, Va<u>s</u>e

Seite 100 **2.**

Wörter mit stimmhaftem s-Laut	Wörter mit stimmlosem s-Laut	
s geschrieben	ß geschrieben	ss geschrieben
Gräser, Häuser, blasen, Lose, lesen, Bremse, Gläser, Gänse, niesen, Bläser, Hase, Vase	fließen, weißer, Straße, Füße, heißen, reißen Grüße, Größe, Klöße	Tasse, messen, begossen, Masse, Schlüssel, lassen, passen, Kasse

Seite 101 **1.** ihr verreist: reisen, Reise, ...
Glas: Gläser, Glaser, glasig, ...
Preis: anpreisen, Preise, ...
sie saust: sausen, Sauseschritt, ...
sie bewies: beweisen, Beweise, ...

Seite 101 **2.** Beispiele:
bissig, Kuss, Kasse, Kassen, lass, lassen, küss, küssen, Fässer, fassen, Hass, Gasse, Gassen, Pass, ...

Seite 101 **3.**

sie schießt	das Flussufer	gerissen	der Spaß
die Tasse	er lässt	es fließt	der Hass
die Füße	das Weißbrot	gegossen	ein bisschen
das Bierfass	der Schlüssel		

Seite 102 **4.** Josef Guggenmos
Besuch

War ein Ries' bei mir zu Gast,
sieben Meter maß er fast,
hat er nicht ins Haus gepasst,
saßen wir im Garten.

5 Weil er gar so riesig war,
saßen Raben ihm im Haar,
eine ganze Vogelschar,
die da schrien und schwatzten.

Er auch lachte laut und viel,
10 und dann schrieb er mir zum Spiel
– Bleistift war ein Besenstiel –
seinen Namen nieder.

Und er schrieb an eine Trumm:
MUTAKIRORIKATUM.
15 Ebenso verkehrt herum,
ja, so hieß der Gute.

Falls ihr einen Riesen wisst,
dessen Namen also ist
und der sieben Meter misst,
20 so sagt, ich lass' ihn grüßen!

Seite 102 **5.** Fluss: fließen – geflossen
vergessen: ich vergaß – vergesslich
Schluss: abschließen – abgeschlossen
lassen: ich ließ – gelassen
Schuss: sie schießt – sie hat geschossen
Biss: er beißt – bissig
gießen: ich habe gegossen – Gießkanne

Seite 103 **1.**
- Maike wäre fast über ihre eigenen Füße gestolpert.
- Jörg und Lisa verabreden sich zum Sommerfest.
- Im Frühling sind überall die glänzenden Knospen an den Bäumen zu sehen.
- Wir verbringen unseren Urlaub regelmäßig an der Atlantikküste.
- Wer täglich trainiert, erhält kräftige Muskeln.
- Zu Mittag gibt es heute knusprige Pommes mit Ketchup.
- Seit Tagen werde ich diesen festsitzenden Husten nicht los.
- Zu einem chinesischen Essen gehört fast immer Reis.

Seite 103 **2.**
a) bis, los, des
b) bereits
c) was
d) morgens

Seite 104 **3.**

Singular:	Plural:
das Ergebnis	die Ergebnisse
das Hindernis	die Hindernisse
der Zirkus	die Zirkusse
der Iltis	die Iltisse
der Krokus	die Krokusse
das Zeugnis	die Zeugnisse
das Geheimnis	die Geheimnisse
der Albatros	die Albatrosse
der Bus	die Busse
das Missverständnis	die Missverständnisse

Seite 104 **4.**

Martin Auer
Über die Erde

Über die Erde
sollst du barfuß gehen.
Zieh die Schuhe aus,
Schuhe machen dich blind.
5 Du kannst doch den Weg
mit deinen Zehen sehen.
Auch das Wasser
und den Wind.

Sollst mit deinen Sohlen
10 die Steine berühren,
mit ganz nackter Haut.
Dann wirst du bald spüren,
dass dir die Erde vertraut.

Spür das nasse Gras
15 unter deinen Füßen
und den trockenen Staub.
Lass dir vom Moos
die Sohlen streicheln und küssen
und fühl
20 das Knistern im Laub.

Steig hinein,
steig hinein in den Bach
und lauf aufwärts
dem Wasser entgegen.
25 Halt dein Gesicht
unter den Wasserfall.
Und dann sollst du dich
in die Sonne legen.

Leg deine Wange an die Erde,
30 riech ihren Duft und spür,
wie aufsteigt aus ihr
eine ganz große Ruh'.
Und dann ist die Erde
ganz nah bei dir,
35 und du weißt:
Du bist ein Teil von allem
und gehörst dazu.

Seite 105 **1.** Der **stimmhafte** s-Laut in Wörtern wie Dose und **Vase** wird immer mit **einfachem s** geschrieben. Der **stimmlose** s-Laut wird nach **langem** Vokal und **Doppellauten/Doppelvokalen** wie au oder äu mit **ß** geschrieben. Nach **kurzem Vokal** schreibt er sich meistens mit **ss**.

(1 Punkt für jede richtige Ergänzung)

Seite 105 **2.** Gru_ß_, le_s_en, Klo_ß_, bei_ß_en, Ta_ss_e, Flu_ss_, Gla_s_, gro_ß_, na_ss_, kü_ss_en, hei_ß_en, Nu_ss_, Gra_s_, er lä_ss_t, Ki_ss_en

(1 Punkt für jedes richtig ergänzte Wort)

Seite 105 **3.** Beispiele:
bis, aus, aufwärts, was, los, bereits, was, morgens, abends

(1 Punkt für jedes Beispiel)

Seite 105 **4.** ... heiße ...
Gestern ... wussten ... was passieren ... ließ ... Rasensprenger ... aus ... Haus ... döste ... Terrasse ... Wasserstrahl ... Brust ... verpasste ... eiskalten ... Guss ... Pudelnass

47–38 Punkte	37–25 Punkte	24–0 Punkte
Das hast du gut gemacht!	Nicht schlecht! Lies dir noch einmal die Lernboxen im Schulbuch auf S. 293–300 durch.	Wiederhole noch einmal die Übungen im Arbeitsheft (S. 100–104) und im Schulbuch (S. 293–300).

Komma, Anführungszeichen, Doppelpunkt – Zeichensetzung

Seite 106 **1.** Rudyard Kipling
Die Entstehung der Gürteltiere

Eines wunderschönen Abends stieß der gefleckte Jaguar an den Ufern des trüben Amazonas auf den stachlig-kratzigen Igel und die träg-starre Schildkröte. Sie konnten nicht weglaufen, und so rollte sich der Stachlig-Kratzige zu einem Ball zusammen und die Träg-Starre zog Kopf und Füße unter ihren Panzer, so weit es ging, weil sie eine Schildkröte war. „Jetzt passt mal auf", sagte der gefleckte Jaguar, „das ist nämlich wichtig. Meine Mutter hat gesagt, wenn ich einem Igel begegne, soll ich ihn ins Wasser werfen, dann rollt er sich auseinander, und wenn ich eine Schildkröte fange, soll ich sie mit der Pfote aus dem Panzer heben. Wer von euch ist nun der Igel, und wer ist die Schildkröte?" „Weißt du noch genau, was deine Mami dir gesagt hat?", fragte der stachlich-kratzige Igel. „Vielleicht hat sie dir gesagt, wenn du eine Schildkröte auseinanderrollst, musst du sie panzern und aus dem Wasser heben, und wenn du einen Igel packst, sollst du ihn auf den Panzer werfen." „Weißt du wirklich genau, was deine Mami dir gesagt hat?", fragte die träg-starre Schildkröte. „Vielleicht hat sie dir gesagt, wenn du einen Igel wässerst, musst du ihn in die Pfote werfen, und wenn du eine Schildkröte fängst, musst du sie panzern, bis sie sich auseinanderrollt."

Seite 107 2. „Von euren Reden tun mir schon die Flecken weh", sagte der gefleckte Jaguar, „und außerdem hab ich euch nicht um euren Rat gebeten. Ich wollte nur wissen, wer der Igel ist und wer die Schildkröte." „Das sag ich nicht", sagte der Igel. „Aber du kannst mich aus meinem Panzer heben, wenn du willst." „Aha!", sagte der gefleckte Jaguar. „Jetzt weiß ich, dass du eine Schildkröte bist." Er streckte seine Samtpfote genau in dem Moment aus, in dem der Igel sich zusammenrollte, und natürlich war die Samtpfote sofort voller Stacheln. Der Jaguar steckte seine Pfote in den Mund, und da stachen die Stacheln noch mehr. Sobald er wieder sprechen konnte, sagte er: „Jetzt weiß ich, dass es nicht die Schildkröte war. Aber woher soll ich wissen, ob dieses andere Tier die Schildkröte ist?" „Aber ich bin die Schildkröte", sagte die Schildkröte. „Deine Mutter hat gesagt, du sollst mich aus dem Panzer heben. Nur zu." „Und was passiert, wenn ich's mache?", fragte der Jaguar höchst verschnupft und höchst vorsichtig.

Seite 107 3.
- Der kleine Jaguar kam zu seiner Mutter und beklagte sich: „Ich habe versucht, etwas zu packen, das sagte, ich soll es mit der Pfote aus seinem Panzer heben, und meine Pfote ist voller Stacheln."
- „Sohn, Sohn", antwortete die Jaguar-Mutter, „an den Stacheln deiner Pfote sehe ich, dass das ein Igel gewesen sein muss. Du hättest ihn ins Wasser werfen sollen."
- „Das hab ich mit dem anderen Ding getan. Es hat gesagt, es sei eine Schildkröte, und ich hab ihm nicht geglaubt", jammerte der Jaguar-Sohn.
- Seine Mutter schüttelte den Kopf und sprach: „Sohn, Sohn, jetzt pass mal auf, und merk dir, was ich sage. Ein Igel rollt sich zu einem Ball zusammen, und seine Stacheln sträuben sich in alle Richtungen zugleich. Daran erkennst du einen Igel."

Seite 108 1.
- <u>Frühling</u>, <u>Sommer</u>, <u>Herbst</u> und <u>Winter</u> sind die vier Jahreszeiten.
- Ein Jahr besteht aus <u>zwölf Monaten</u>, <u>52 Wochen</u> sowie <u>365 Tagen</u>.
- <u>In den Ferien</u>, <u>an Sonn- und Feiertagen</u>, <u>aus besonderen Anlässen wie Wandertagen oder bei Elternsprechtagen</u> ist schulfrei.

Seite 108 2. **Einmal durch das ganze Jahr**
- Um den **Januar** zu begrüßen, schießen viele Menschen blaue, rote, gelbe und grüne Feuerwerkskörper in die Luft.
- Im **Februar** ist häufig Karneval und zahlreiche Kinder verkleiden sich als Cowboy, Prinzessin, Hexe, Ritter oder Pirat.
- Krokusse, Schneeglöckchen, Veilchen und Primeln sprießen im **März.**
- Der **April** kann sonnig, windig, stürmisch, wechselhaft oder regnerisch sein.
- Die Bänder des **Mai**baums rascheln, wehen und flattern im Wind.
- Im **Juni** freuen wir uns über Erdbeereis, leckeren Erdbeerkuchen und Erdbeermarmelade.
- Im **Juli** sind Ferien und viele Familien fahren ans Meer, an einen See oder in die Berge.
- Die Schule beginnt oft im **August**, also müssen die Schüler wieder Hefte, Patronen, Zeichenblöcke, Umschläge und Stifte kaufen.
- Birnen, Pflaumen und Äpfel werden meistens im **September** geerntet.
- Im **Oktober** können wir Kastanien, Eicheln und Bucheckern sammeln.
- Am Martinstag im **November** ziehen viele Kinder mit bunten Laternen, leuchtenden Lampions oder sogar Fackeln durch die Straßen.
- In vielen Familien werden im **Dezember** Lebkuchen, Makronen, Spekulatius, Pfeffernüsse und Spritzgebäck gebacken.

Seite 109 **1.** Der kleine Bruder fragt: „Kannst du mir gleich bei meinen Rechenaufgaben helfen.
„Ja, aber ich muss erst noch meine Tasche für morgen packen", antwortet die große
Schwester. „Dann füttere ich schon mal dein Meerschweinchen", bietet der Bruder an,
„dann musst du das heute nicht auch noch machen."

(1 Punkt für jedes richtige Satzzeichen)

Seite 109 **2.** In der Nacht ruft aufgeregt ein Mann bei seinem Hausarzt an und stammelt: „Bitte,
kommen Sie sofort. Meine Frau hat Fieber!" „Ist es hoch?", fragt der Arzt. „Nein", sagt
der Mann, „in der ersten Etage."

(1 Punkt für jeden unterstrichenen Redebegleitsatz)

Seite 109 **3.**
- Ein gut erzogener Hund läuft an der Leine, kommt sofort auf Zuruf, wartet geduldig
  vor einem Geschäft, jagt keinem Radfahrer oder Jogger nach und packt auch nicht
  den Briefträger an den Hosenbeinen.
- Schnauzer haben ein raues, hartes und dichtes Haarkleid.
- Kaum eine Hunderasse ist so eng an Haus, Hof und Familie gebunden wie der Spitz.
- Mit angeborenem Argwohn und lautstarkem Gebell bewachten Hunde schon in
  früheren Jahrhunderten den Kahn des Schiffers, den Pferdewagen des Fuhrmanns,
  die Herden des Schäfers oder den Hof eines Bauern.

(1 Punkt für jedes Komma bei den Aufzählungen)

Seite 109 **4.** Der Hund auf dem Foto ist jung, klein, weißbraun und sehr niedlich.

(1 Punkt für jedes Komma bei der Aufzählung)

27–20 Punkte	21–14 Punkte	13–0 Punkte
Gut gemacht!	Nicht schlecht! Lies dir noch einmal die Lernboxen im Schulbuch auf den S. 305–309 durch.	Wiederhole noch einmal die Übungen im Arbeitsheft (S. 106–108) und im Schulbuch (S. 305–309).